Kohlhammer

Lange Leben leben I Altern gestalten

Wissen – Positionen – Impulse

Hrsg. von Hans-Werner Wahl, Hans Förstl, Ines Himmelsbach und Elisabeth Wacker

Eine Übersicht aller lieferbaren und im Buchhandel angekündigten Bände der Reihe finden Sie unter:

 https://shop.kohlhammer.de/lange-leben-leben

Der Autor

Prof. Dr. Christoph Strünck ist Professor für Politikwissenschaft mit Schwerpunkt Sozialpolitik an der Universität Siegen sowie Gründungsdekan der Lebenswissenschaftlichen Fakultät. Darüber hinaus ist er Direktor des Instituts für Gerontologie an der TU Dortmund.

Christoph Strünck

Wo wollen wir alt werden?

Wie wir unsere Städte und Gemeinden altersgerecht gestalten können

Verlag W. Kohlhammer

1. Auflage 2023

Alle Rechte vorbehalten
© W. Kohlhammer GmbH, Stuttgart
Gesamtherstellung: W. Kohlhammer GmbH, Stuttgart

Print:
ISBN 978-3-17-040716-9

E-Book-Formate:
pdf: ISBN 978-3-17-040717-6
epub: ISBN 978-3-17-040718-3

Inhalt

1   Grundlegendes

✓ Wie altersfreundliche Umgebungen entstehen
✓ Altenhilfe ist Teil der kommunalen Daseinsvorsorge
✓ Altern auf dem Land ist anders

Wo wollen wir alt werden? Natürlich zuhause, in der vertrauten Umgebung, zusammen mit Familie und Freunden, dort, wo wir uns auskennen. Was aber ist unser »Zuhause«? Ist es die eigene Wohnung? Oder sind es in erster Linie die Menschen und sozialen Kontakte, die uns ein Gefühl von Zuhause vermitteln? Und was machen wir, wenn wir Unterstützung brauchen im Alltag? Eine Gesellschaft des langen Lebens hat unterschiedliche Orte, an denen Menschen alt werden können und alt werden wollen.

Wir wollen weiterhin am öffentlichen Leben teilnehmen, auch wenn wir nicht mehr so mobil sind. Dafür sind noch einige Barrieren wegzuräumen, nicht nur im wörtlichen Sinne. Auch begegnen sich Generationen nicht automatisch draußen, auf der Straße, im Café, oder anderswo im öffentlichen Raum. Sie besuchen häufig getrennte Orte, sind zu unterschiedlichen Zeiten unterwegs. Städte und Gemeinden leben jedoch von und mit Vielfalt, auch von der Vielfalt und vom Austausch der Altersgruppen. Eine Gesellschaft des langen Lebens braucht daher auch neue Ansätze der Stadtplanung und Gemeindeentwicklung, über die Seniorenarbeit hinaus. Die Idee einer alters- oder generationenfreundlichen Gemeinde ist eine der großen sozialen Innovationen unserer Zeit. Denn gutes Altern braucht gute Orte.

1.1 Gutes Altern braucht gute Orte: auf dem Weg zu altersfreundlichen Städten und Gemeinden

Die Kommunen erleben den demografischen Wandel hautnah: Städte und Gemeinden werden bunter, viele ländliche Regionen altern und schrumpfen. Das Leben und das Zusammenleben ändern sich. Wenn wir alle gut altern wollen, und wenn der Erfahrungsschatz des Alterns gehoben werden soll, kommt es nicht nur auf die großen Sicherungssysteme wie Rente oder Krankenversicherung an oder auf eine neue Verteilung von Arbeits- und Lebenszeit. In einer Gesellschaft des langen Lebens gestalten wir gemeinsam vor Ort eine altersfreundliche Umgebung, die allen nutzt und niemanden ausschließt. Verbundenheit fühlen und Verbindungen schaffen: Das ist eine persönliche Aufgabe, aber auch ein öffentlicher Auftrag.

Die Kommunen setzen dafür Rahmenbedingungen. Vieles, aber nicht alles hängt dabei am Geld und den rechtlichen Möglichkeiten. Vom Wohnen, über Verkehr, Platzgestaltungen bis hin zur sozialen Infrastruktur gibt es zahlreiche Möglichkeiten, wie Kommunen Einfluss nehmen können, um gutes Altern zu fördern. Kommunen sind Instanzen für die Planung von Infrastruktur. Kommunen sind zugleich der Ort, an dem sorgende Gemeinschaften entstehen können, die gutes Altern unterstützen.

Die Beziehungen zwischen der Umwelt mit ihren Einflussfaktoren und dem Einzelnen mit seinen Ressourcen, seiner Widerstandsfähigkeit und seiner Verletzlichkeit sind ein großes Thema der Alternsforschung, wenn auch ein ziemlich abstraktes auf den ersten Blick (Wahl & Gerstorf, 2018). Meine eigenen physischen, kognitiven und emotionalen Fähigkeiten werden auch von sozialen und sozialpolitischen Faktoren beeinflusst: Bin ich sozial eingebunden, motivieren mich andere mitzumachen und mich zu engagieren, bieten mir Dritte ihre Hilfe im Alltag an? Unsere Umgebung ist jedoch nicht nur von Menschen geprägt, sondern auch von Infrastrukturen: Wohnungen, Gebäude, Straßen, Plätze, Veranstaltungsorte, Gesundheitsversorgung. In diesem Buch stehen Stadtplanung, Wohnen, Mobilität und Versorgungsstrukturen im Vordergrund. Die bauliche Umgebung hat einen großen Einfluss darauf, wie wir altern und ob wir die Chance haben, dabei aktiv und möglichst lange gesund zu bleiben (Penger et al., 2019).

Denn die Forschung zeigt, dass die Gesundheit älterer Menschen stärker als bei anderen Altersgruppen von der natürlichen, gebauten und sozialen Umwelt beeinflusst wird (Schlicht et al., 2016). Die Weltgesundheitsorganisation (WHO) hält diese Erkenntnis für so wichtig, dass sie ein Konzept entwickelt hat, an dem sich Städte und Gemeinden orientieren können. Es beruht auf dem Ziel des »aktiven Alterns«: Gesundheit, Beteiligung und Sicherheit sollen für alle Älteren gefördert werden. Dabei kommt es zum einen auf individuelle Ressourcen an, die gefördert werden können. Es geht aber genauso darum, dass die Umgebung so gestaltet sein kann, dass Menschen Gelegenheiten und Anreize bekommen, aktiv und gesund zu bleiben. Eine Kommune ist aus Sicht der WHO dann altersfreundlich, wenn sie sich folgenden Zielen verschrieben hat (Weltgesundheitsorganisation, 2007):

- die Ressourcen und Fähigkeiten älterer Menschen anerkennen und fördern
- mit Angeboten auf altersbezogene Bedürfnisse und Präferenzen eingehen
- unterschiedliche Lebenslagen und Lebensstile respektieren
- die verletzlichen Älteren schützen
- Teilhabe und Beteiligung Älterer am öffentlichen Leben fördern

Inzwischen existiert ein globales Netzwerk an Städten und Gemeinden, die sich aufgemacht haben, altersfreundliche Orte zu werden. Sie orientieren sich alle am Rahmenkonzept der WHO.

Die WHO hat auch eine Checkliste entwickelt, mit deren Hilfe Städte und Gemeinden ihre Umgebung altersfreundlich gestalten können. Darin finden sich Instrumente in zentralen Handlungsfel-

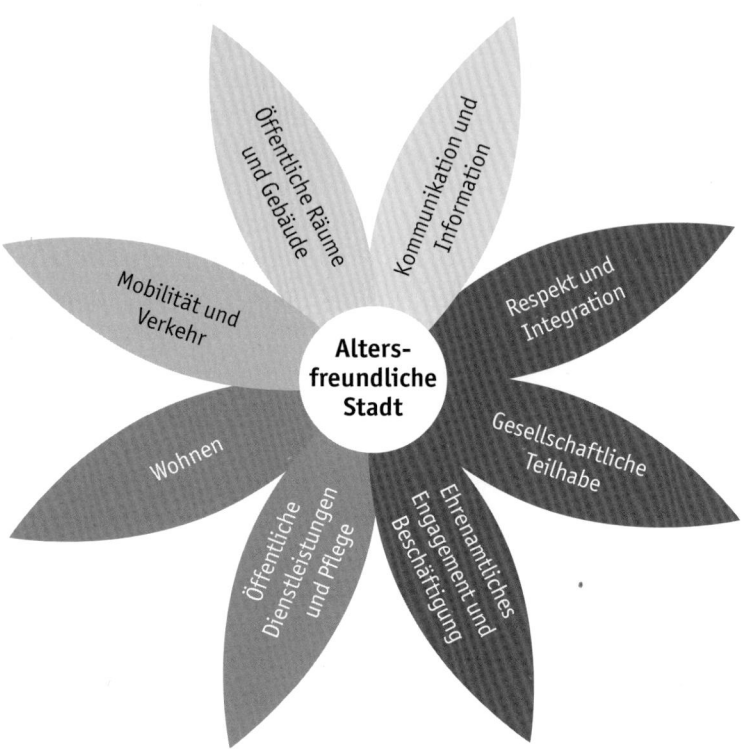

Abb. 1.1: Handlungsfelder der altersfreundlichen Stadt (Quelle: Datengrundlage eigene Darstellung Körber-Stiftung & Berlin Institut für Bevölkerung und Entwicklung nach WHO-Leitfaden)

dern wie öffentlicher Raum, Wohnen, Verkehr, soziale Beteiligung, Kommunikation und Information oder Gesundheitsversorgung.

Die WHO beim Wort nehmen: altersfreundliches Radevormwald

Die Stadt Radevormwald hat sich die Empfehlungen der WHO zu eigen gemacht und daraus ganz konkrete Maßnahmen abgeleitet. Zu diesen Maßnahmen gehören beispielsweise:

- Parks, Grünflächen und Sitzgelegenheiten sind ausreichend vorhanden, in gutem Zustand und sicher.
- Alle städtischen Gebiete und Dienstleistungen sind an den öffentlichen Nahverkehr angebunden; Routen und die Ziele der Fahrzeuge sind gut bezeichnet.
- Es gibt ausreichende und bezahlbare haushaltsnahe Dienstleistungen und Unterstützungsleistungen.
- Menschen mit dem Risiko der sozialen Vereinsamung erhalten Informationen von Vertrauenspersonen.
- Gesundheits- und soziale Dienstleistungen können mit allen Arten von Transportmitteln bequem erreicht werden.

Ein Verein kümmert sich darum, diese Ziele im Interesse aller Bürger[1] der Gemeinde im Blick zu haben und die kommunalpolitisch Verantwortlichen daran zu erinnern.
Weiterführende Infos: www.aktiv55plus.de/startseite.html

Städte und Gemeinden sind Orte, an denen sich Menschen zu Gemeinschaften zusammenfinden: in Familien, im Freundeskreis, in Nachbarschaften. Wir werden nicht alleine alt, und das ist gut so. Altern ist keine reine Privatangelegenheit, erst recht nicht aus Sicht der Kommunen. Viele sehen den demografischen Wandel als Last und Bedrohung. Doch er ist auch eine Chance, das Zusammenleben neu zu gestalten und damit innovative Impulse zu setzen, hin zu einer alters-

---

1 Im Text wird das generische Maskulinum verwendet. Damit sind stets alle Geschlechter gemeint.

und generationenfreundlichen Umgebung, aus der niemand ausgeschlossen ist.

Unsere Städte und Gemeinden werden in einigen Jahrzehnten anders aussehen, anders aussehen müssen. In einer Gesellschaft der Singularisierung und Individualisierung kommt es mehr denn je darauf an, neue Gemeinschaftsformen zu finden, den öffentlichen Raum kreativer zu gestalten und eine gute Balance zwischen privat und öffentlich zu finden. Die Bedingungen sind dabei in Städten andere als auf dem Land. Unsere Art des Wohnens wird sich ändern. Wie wir uns im öffentlichen Raum bewegen, wird sich ändern, und beides nicht nur aus ökologischen Gründen. Die wohnortnahe Gesundheitsversorgung wandelt sich schon jetzt, und gerade in ländlichen Räumen gibt es große Herausforderungen. Und mit der Digitalisierung ergeben sich neue Möglichkeiten, gutes Altern zu unterstützen. Diese Herausforderungen betreffen nicht die Kommunen alleine, und sie tragen dafür auch nicht alleine die Verantwortung. Doch sie haben einen Gestaltungsauftrag.

Dieser Auftrag der Kommunen, die Lebensbedingungen ihrer Bürger mitzugestalten, hat in Deutschland einen eigenen Namen: Daseinsvorsorge. Für unser aller »Dasein« Vorsorge zu treffen, ist ein großer Anspruch. Trotz aller Unschärfen des Begriffs gibt es relativ konkrete gesetzliche Vorgaben, was Kommunen tun müssen.

Kommunale Daseinsvorsorge: Was ist das?
Kommunen sollen lebenswichtige Güter und Dienstleistungen zur Verfügung stellen, damit die sozialen Lebensbedingungen ihrer Bürger gesichert sind. Diese kommunale »Daseinsvorsorge« ist sogar verfassungsrechtlich im Art. 20 Abs. 1 des Grundgesetzes verankert, als Angelegenheiten der örtlichen Gemeinschaft. In der Praxis gehören vor allem öffentlich relevante Infrastrukturen dazu, wie die Wasser- oder Energieversorgung, die Abfallwirtschaft oder auch öffentlicher Personennahverkehr. Rechtlich können solche Güter und Dienstleistungen aber auch von privaten Unternehmen angeboten werden, im Auftrag der Kommunen.

Soziale Infrastruktur wie Schulen, Kindertageseinrichtungen oder Angebote der Altenhilfe zählen ebenfalls zur Daseinsvorsorge. Auch hier muss die Kommune nicht unbedingt selbst Träger sein, dass können auch gemeinnützige oder private Anbieter übernehmen. Die Kommune jedoch muss gewährleisten, dass eine angemessene soziale Infrastruktur vorhanden ist.

Die Lebensqualität aller Bürger hängt auch von der Qualität der Daseinsvorsorge in ihren Kommunen ab. Von der Infrastruktur und konkreten Dienstleistungen profitieren Ältere genauso wie andere Gruppen. Dazu zählen zum Beispiel:

- die Förderung bezahlbarer Wohnungen und alternativer Wohnformen
- Mehrgenerationenprojekte
- die Förderung von Ehrenamt und Nachbarschaftshilfe
- sichere und vernetzte Verkehrswege
- öffentliche Sicherheit
- öffentliche Plätze und Orte der Begegnung, Sitz- und Freizeitmöglichkeiten
- Grüngestaltung und Klimamanagement
- Quartiersentwicklung und Quartiersmanagement
- Beratung und Informationsmöglichkeiten
- Gesundheitsversorgung und Pflegeeinrichtungen
- Seniorenarbeit und Seniorenhilfe
- soziale Teilhabe und Partizipationsmöglichkeiten für Ältere
- Weiterbildung und Kultur

Für solche konkreten Leistungen der Daseinsvorsorge sind in den Kommunen unterschiedliche Ämter und Abteilungen der Verwaltung zuständig. In Kommunen herrscht manchmal ein Ressortdenken, das eine inklusive, alters- und generationengerechte Gestaltung der Umgebung erschwert. Denn Handlungsfelder wie Wohnen, Mobilität, Gesundheit, Pflege oder Stadtentwicklung müssten dafür miteinander verzahnt werden. Darauf zielt der integrative Ansatz der »altersfreundlichen Stadt« ab, wie ihn die Weltgesundheitsorganisation propagiert. Eine altersfreundliche Umgebung ist eine inklusive Umgebung, denn sie nützt nicht nur älteren Menschen.

In den deutschen Städten und Gemeinden gibt es allerdings auch ein System der Altenhilfe im engeren Sinne, das sich aus der Sozialhilfe heraus entwickelt hat.

Kommunale Altenhilfe: ein Teil der Daseinsvorsorge

Verantwortlich für die Altenhilfe sind die örtlichen Sozialhilfeträger als Teil der kommunalen Selbstverwaltung. Rechtlich fixiert sind individuelle Leistungen der Altenhilfe im Sozialgesetzbuch XII, im Paragraphen 71, als Teil der Sozialhilfe. Im ersten Absatz heißt es dort:

> »Die Altenhilfe soll dazu beitragen, Schwierigkeiten, die durch das Alter entstehen, zu verhüten, zu überwinden oder zu mildern und alten Menschen die Möglichkeit zu erhalten, selbstbestimmt am Leben in der Gemeinschaft teilzunehmen und ihre Fähigkeit zur Selbsthilfe zu stärken«.

In den weiteren Absätzen werden vor allem Alltagshilfen, Wohnberatung, Angebote für eigenes Engagement, zur besseren Mobilität sowie weitere Dienstleistungen genannt, welche die soziale Teilhabe am gesellschaftlichen Leben in der Kommune fördern sollen. Der Gesetzgeber weist außerdem darauf hin, dass die möglichen Leistungen mit Leistungen der Eingliederungshilfe für Menschen mit Behinderung sowie mit weiteren Leistungen der Kommunen u. a. im Feld der Pflege abgestimmt werden sollen. Auf der kommunalen Ebene existieren daher mehrere Systeme, von deren Leistungen ältere Menschen profitieren können. Außer den Kommunen selbst bieten auch andere solche Leistungen an, etwa frei-gemeinnützige Träger der Wohlfahrtsverbände oder Vereine und Initiativen.

Die Altenhilfe nach SGB XII soll eine soziale Infrastruktur in den Kommunen etablieren. Damit ist die Altenhilfe ebenfalls Teil der kommunalen Daseinsvorsorge. Gibt man den Begriff »Kommunale Altenhilfe« auf Google ein und wählt die Option »Bilder«, erscheinen ausschließlich Motive aus der Pflege. Altenhilfe ist aber etwas anderes als Pflege. Zwar stammt der Begriff der Altenhilfe aus der Fürsorge. Doch es geht im Kern nicht darum, eine klassische Sozialleistung zu gewähren. Stattdessen haben die Kommunen den Auftrag, Menschen dabei zu beraten, zu begleiten und zu stärken, im Alter selbstständig zu bleiben. Altenhilfe hat also auch eine präventive Funktion.

Die Leistungen der Altenhilfe nach SGB XII beziehen sich vor allem auf Information, Beratung und Unterstützung. Solche Angebote kann es nur geben, wenn in Kommunen entsprechende Strukturen aufgebaut worden sind. Doch die Unterschiede zwischen den Kommunen sind riesig. Denn eine Verpflichtung, bestimmte Strukturen der Altenhilfe vorzuhalten, ergibt sich nicht aus dem Sozialgesetzbuch. Aus diesem Grund gibt es keineswegs in allen Kommunen solche Einrichtungen wie Seniorentreffs, Seniorenbüros oder Pflege- und Wohnberatung.

In einem weiten Verständnis sind auch alle Pflegeeinrichtungen, ob ambulant oder stationär, Einrichtungen der Altenhilfe. Als Handlungsfeld der Sozialen Arbeit sind es vor allem Orte der Begegnung wie Seniorentreffs, Beratungsangebote vor allem zum Wohnen, zusätzliche professionelle Angebote ergänzend zur Pflege sowie ehrenamtliches Engagement, das über Seniorenbüros oder andere Stellen läuft. Die Altenhilfe ist jedoch nur ein Teil der kommunalen Seniorenpolitik, und die kommunale Seniorenpolitik ist ein Teil einer altersfreundlichen Stadt, nach der Vorstellung der WHO. Aber für wen sind altersfreundliche Städte gedacht?

»Die Älteren« gibt es bekanntermaßen nicht, genauso wenig, wie es »die Jungen« gibt. Viele Ältere sehen sich nicht als hilfebedürftig und möchten auch so nicht angesprochen werden. Die Bedürfnisse und Ressourcen, die Lebenslagen und Lebensstile sind auch im Alter höchst unterschiedlich. Trotzdem tauchen auch in diesem Buch

15

immer wieder Formulierungen wie die »Älteren« oder »ältere Menschen« auf. Das ist lesefreundlich gemeint, aber zu pauschal. Wenn also hier von den »Älteren« oder »älteren Menschen« die Rede ist, ist damit eine große, sehr heterogene Gruppe ab 65 Jahren gemeint.

In der Alternsforschung werden nach den zwei Phasen der Kindheit/Jugend sowie dem Berufsleben inzwischen zwei weitere Altersphasen unterschieden (Wahl, 2017): Das sog. »Dritte Alter« beginnt ab 65 Jahren mit der nachberuflichen Phase. Allerdings beginnt die nachberufliche Phase keineswegs für alle mit 65 bzw. 67 Jahren. Vor allem Selbstständige sind häufig noch viel länger beruflich tätig. Auch verrentete Beschäftigte können eine neue berufliche Phase beginnen, was zukünftig angesichts der Fachkräfteknappheit zunehmen wird.

Gerade im »Dritten Alter« zwischen 65 und 80 Jahren sind die Unterschiede in den Lebenslagen beträchtlich. Sie unterscheiden sich nach sozialem und wirtschaftlichem Status, nach Wohnsituation, nach persönlichen und sozialen Beziehungen, nach kulturellem Hintergrund, nach Geschlecht, um nur die wichtigsten Dimensionen zu nennen. Zwischen dem biologischen, dem chronologischen und dem »gefühlten« Alter gibt es enorme Unterschiede. Ab 80 Jahren beginnt dann das sog. »Vierte Alter«, in dem Menschen als hochaltrig gelten.

Die Pandemie hat gezeigt, wie eindimensional das Bild des Alters in den Kommunen sein kann. So beklagte der Lesben- und Schwulenverband in Deutschland (LSVD), dass 2020 zu Weihnachten nur Kontaktpersonen »aus dem engsten Familienkreis« erlaubt waren. Denn für die eigenen Mitglieder seien Freundinnen und Freunde die wichtigsten Bezugspersonen. Wahlfamilien dürften nicht weniger geschätzt werden als Herkunftsfamilien. In einem Erfahrungsbericht älterer Homosexueller in der Corona-Krise sind solche Episoden gebündelt worden (https://rubicon-koeln.de/alter-nrw/).

Es geht aber nicht nur darum, dass die sozialen, ökonomischen und kulturellen Lebenslagen und Lebensstile im Alter höchst verschieden sind. Es macht auch einen Unterschied, ob Menschen in Städten oder stadtnah alt werden, oder ob sie auf dem Land leben. In Deutschland leben die meisten Menschen in Kleinstädten oder auf dem Land. Altern auf dem Land ist anders als das Altern in der Stadt!

1.2 Alles anders? Älter werden auf dem Land

So wichtig das Konzept der *altersfreundlichen Stadt* auch ist: Bereits der Begriff ist Zeichen einer gewissen Arroganz oder Ignoranz gegenüber kleineren Gemeinden und ländlichen Regionen. Auch sind die von der WHO empfohlenen und diskutierten Maßnahmen eher auf die Bedingungen großer Städte zugeschnitten, weniger auf Kleinstädte oder Dörfer. In Deutschland lebten zum Ende des Jahres 2021 jedoch die meisten Menschen in Gemeinden mit einer Einwohnerzahl zwischen 20.000 und 50.000 Personen.[2] Viele der in diesem Buch präsentierten Herausforderungen in Feldern wie Wohnen, Mobilität oder Gesundheitsversorgung stellen sich in Kleinstädten und ländlichen Regionen ganz anders dar als in Großstädten.

Land ist jedoch nicht gleich Land: Es gibt ländlich geprägte Gebiete in der Nähe von Ballungszentren, es gibt ländliche Regionen mit eigener, meist mittelständischer Wirtschaftskraft, und es gibt die ländlich-peripheren Regionen, die gemeinhin als strukturschwach gelten. Älterwerden auf dem Land ist in jedem Fall eine ganz andere Erfahrung als in der Stadt. Denn sowohl die sozialen Strukturen als auch die Infrastruktur sind andere.

Dennoch gilt in Deutschland der Grundsatz gleichwertiger Lebensverhältnisse, wie er im Grundgesetz definiert wird. Was bedeutet das praktisch, wenn Menschen auf dem Land alt werden? Der Siebte Altersbericht der Bundesregierung hat sich intensiv mit den Lebensverhältnissen in Stadt und Land beschäftigt (Deutscher Bun-

---

2 Nähere Angaben dazu finden sich unter: https://de.statista.com/statistik/da ten/studie/161809/umfrage/anteil-der-einwohner-an-der-bevoelkerung-in-deutschland-nach-gemeindegroessenklassen/

destag, 2016). Die Verfasser des Berichts haben eine Reihe unterschiedlicher Siedlungstypen unterschieden, die zeigen, dass die Unterscheidung von Stadt und Land viel zu grob ist:

- Strukturstarke, hoch verdichtete Dienstleistungszentren (z.B. Böblingen, Düsseldorf, Frankfurt am Main)
- Standorte industrieller Global Player (z.B. Ingolstadt, Ludwigshafen, Wolfsburg)
- Standorte mit bedeutsamen Produktions- und Dienstleistungspotenzialen (z.B. Ahrweiler, Osterode am Harz, Siegen-Wittgenstein)
- Hoch verdichtete Regionen mit strukturellen Schwächen (z.B. Berlin, Essen, Offenbach)
- Peripher gelegene und gering verdichtete Regionen mit ausgeprägten touristischen Potenzialen (z.B. Bodenseekreis, Leer, Vorpommern-Greifswald)
- Regionen mit starken strukturellen Defiziten, teilweise peripher gelegen (z.B. Eichsfeld, Salzgitter, Uckermark).

Was kann man daraus für die Lebensbedingungen auf dem Land ablesen? Im Jahr der Erhebung (2012) lebte mit rund 40 Prozent der größte Anteil der Bevölkerung in Regionen, die dem Typ »Standort mit bedeutsamen Produktions- und Dienstleistungspotenzialen« entsprechen. Solche Regionen liegen abseits der großen Metropolen, sind ländlich geprägt und haben eine überdurchschnittlich gute wirtschaftliche Entwicklung. Für ältere Menschen heißt das jedoch nicht automatisch, dass ihre Lebensbedingungen im Alter damit zufriedenstellend wären. Wenn sie in den dünner besiedelten Gegenden wohnen, werden auch sie Einbußen bei Mobilität und Infrastruktur hinnehmen müssen. Möchten oder müssen sie im Alter umziehen, werden sie ihre gewohnte Umgebung wahrscheinlich verlassen und näher an die klein- bis mittelstädtischen Gebiete in ihrer Region ziehen. Müssen sie dafür Wohneigentum verkaufen, kann es sein, dass die dafür erzielbaren Preise zu niedrig sind. Es kann also auch in diesen Regionen passieren, dass die Lebensqualität im Alter durch die regionale Lage beeinträchtigt wird.

Ähnlich sieht es aus, wenn Menschen dort alt werden, wo die Lebensbedingungen generell problematischer sind, wo es hohe Arbeitslosigkeit und eine defizitäre Infrastruktur gibt. Immerhin knapp ein Viertel der Bevölkerung lebte 2012 in Regionen mit starken strukturellen Defiziten, die teilweise peripher gelegen sind. Auch hier kommt es jedoch darauf an, wie die eigene Lebenslage im Alter aussieht. Verfüge ich über ein ausreichendes Einkommen, kann ich möglicherweise sogar leichter meine Wohnbedürfnisse im Alter erfüllen, wenn ich in einer strukturschwachen Stadt wohne, als wenn ich in einer starken ländlich-industrialisierten Region lebe. Und selbst in einer strukturschwachen Stadt gibt es wahrscheinlich eine dichtere Gesundheitsversorgung als in einem strukturstarken ländlichen Gebiet.

Statistisch betrachtet fallen allerdings bedeutsame sozialstrukturelle Unterschiede zwischen den Regionen ins Auge. So ist einerseits die fernere Lebenserwartung in strukturstarken Regionen höher und der Anteil älterer Menschen niedriger als in den strukturschwachen Gebieten. Andererseits leben die meisten einkommensschwachen Älteren mit Leistungen aus der Grundsicherung in den hoch verdichteten Regionen, weniger auf dem Land.

Dramatische Unterschiede offenbaren sich, wenn man die regionalen Bevölkerungsprognosen betrachtet. In einigen Regionen Ostdeutschlands zum Beispiel werden bis 2030 zwischen 15 und 20 Prozent weniger Menschen leben. Ob Kommunen unter diesen Bedingungen ihre Infrastruktur aufrechterhalten, ob gleichwertige Lebensverhältnisse als Ziel dann nicht illusorisch sind, sind wichtige Fragen.

Die statistischen Vergleichsanalysen der Regionstypen alleine bieten insgesamt kein klares Bild, wenn es um die Lebensverhältnisse älterer Menschen geht. Anders sieht es aus, wenn man sich repräsentative Befragungen wie den Deutschen Alterssurvey anschaut. Das Deutsche Zentrum für Altersfragen führt diese deutschlandweite Befragung regelmäßig seit 1996 im Abstand von mehreren Jahren durch. Auch die Verfasser des Siebten Altenberichts stützen sich auf diese Quelle.

Wenn sich Regionen in ihrer Sozialstruktur unterscheiden, etwa bei Einkommen, Bildungsgrad, Geschlecht oder Alter, wird das auch Auswirkungen haben: Auf den Gesundheitsstatus, auf Wohlbefinden, auf Aktivitäten oder das freiwillige Engagement. Von dieser Annahme geht auch der Siebte Altenbericht aus. Methodisch gibt es eine Reihe von Fallstricken, von denen zwei hier kurz angesprochen werden sollen. Zum einen wirkt sich eine Region nicht direkt auf Bereiche wie Gesundheit oder Wohlbefinden aus. Stattdessen konzentrieren sich bestimmte Bevölkerungsgruppen in bestimmten Regionen, so dass der vermutete Einfluss einer Region eher etwas mit den typischen Merkmalen bestimmter Bevölkerungsgruppen zu tun hat. Wenn zum Beispiel in hochverdichteten städtischen Regionen mehr Akademiker wohnen, ist auch der durchschnittliche Gesundheitszustand besser. Das nennt man Kompositionseffekt, da es mit der Sozialstruktur zu tun hat. Ein Kontexteffekt wäre es, wenn der bessere Gesundheitszustand auf die Gesundheitsversorgung in der Region zurückzuführen wäre.

Neben der Unterscheidung von Kompositions- und Kontexteffekten kommen noch die Varianten bei Messinstrumenten in Spiel. Denn es gibt viele Möglichkeiten, den Gesundheitszustand, das Wohlbefinden oder andere Parameter zu messen. Je nach Definition und Messinstrument unterscheiden sich die Ergebnisse entsprechend.

Trotz dieser Einschränkungen bietet der Siebte Altersbericht einige markante Befunde. Am eindrucksvollsten ist zu sehen, wo es keine bedeutsamen Unterschiede gibt, nämlich bei der Zufriedenheit. In allen Regionen sind die Älteren ähnlich zufrieden, auch wenn sich ihre Lebenslagen und Lebensbedingungen deutlich unterscheiden mögen. Dieser Befund ist in der Forschung als »Zufriedenheitsparadox« des Alters bekannt (Wahl, 2017): Auch wenn eigene Einschränkungen zunehmen und sich Lebensbedingungen verschlechtern, sind ältere Menschen relativ zufrieden im Vergleich zu anderen Gruppen. Wie lässt sich dieses Paradoxon erklären? Im Alter reduzieren viele ihre Ansprüche und Erwartungen. Daher klafft eine geringere Lücke zwischen den eigenen Erwartungen und der Erfüllung von Bedürfnissen. Gerade bei Jüngeren ist dieses Verhältnis oft viel ungünstiger.

Gemessen an ihrer Zufriedenheit mag es wenig regionale Differenzen geben. In anderen Bereichen stellen die Verfasser des Altenberichts hingegen signifikante Unterschiede unter den älteren Menschen ab 65 Jahren fest: In den strukturschwachen Regionen ist ihr Gesundheitszustand schlechter, sind Ältere weniger aktiv und verfügen über schwächere soziale Netzwerke. Der Versorgungsbedarf wird also in Regionen besonders stark sein, deren infrastrukturelle Ausstattung eher schlecht ist. Doch auch hier gilt wieder: Stadt ist nicht gleich Stadt, und Land ist nicht gleich Land. Nur sehr kleinräumige Analysen könnten zeigen, wie die Lebensbedingungen im Alter aussehen. Das Klischee der Internetwüste auf dem Land hat nur noch wenig mit der Wirklichkeit zu tun. In vielen Landkreisen ist der Breitbandausbau schneller vorangekommen als in strukturschwachen Städten.

Auf dem Land gibt es bislang meistens noch Vereine und ehrenamtliche Strukturen, die ein aktives Altern unterstützen. Dafür sind verlässliche Strukturen der Altenhilfe dort weit weniger entwickelt als in Städten, sind die Distanzen zu Geschäften, Praxen und anderen Einrichtungen häufig groß.

Wie ist das Leben auf dem Land, wenn man alt wird? Auch wenn sich ländliche Regionen stark unterscheiden, stehen Ältere vor ähnlichen Herausforderungen. Sie hängen mit den wichtigsten Themen dieses Buches zusammen: Soziale Teilhabe, Mobilität, Wohnen, Gesundheit und Pflege. Wie sieht es beispielsweise mit der Mobilität in ländlichen Regionen aus? Auf dem Land ist es besonders wichtig, mobil bleiben zu können. Leider gibt es so gut wie keine empirischen Erkenntnisse darüber, wie die Alltagsmobilität älterer Menschen auf dem Land aussieht. In einer der wenigen repräsentativen Studien haben Wissenschaftler herausgefunden, was das Leben auf dem Land für die Mobilität bedeutet, wo das Auto nicht so leicht ersetzt werden kann (Giesel et al., 2013).

Das Land ist ein besonderes Experimentierfeld. Angebote wie Bürgerbusse oder Fahrgemeinschaften können generationenübergreifend dafür sorgen, dass Menschen mobil bleiben. Auch selbstfahrende Busse, für die letzten Kilometer zwischen Bahnhof und zuhause, sind für ländliche Regionen eine wichtige Option. Die Revitalisierung ländlicher Räume, um dort zu wohnen und zu arbeiten, bietet neue Chancen. Die Digitalisierung erfasst auch ländliche Räume und erschließt neue Chancen.

Die Dorfbegegnungsläden

In Deutschland haben sich in über 300 Dörfern gemeinnützige Dorfläden gegründet, getragen von Bürgern, vor allem Älteren. Zum einen wollen sie damit die Nahversorgung vor Ort sicherstellen. Zum anderen dient der Dorfladen als sozialer Treffpunkt, als Austauschbörse und auch als Marktplatz für Dienstleistungen und Hilfen. Die Bürger betreiben die Dorfläden mit ihrem freiwilligen Engagement, ergänzt durch Minijobber und andere bezahlte Kräfte. Dank des zusätzlichen freiwilligen Engagements können die meisten Dorfläden wirtschaftlich betrieben werden.
Weiterführende Infos: http://dorfladen-netzwerk.de/

Landwirtschaft verändert sich oder verschwindet sogar aus ländlichen Regionen. Daher können auch ehemals landwirtschaftliche Gebäude neu genutzt werden. Die Landwirtschaftskammern beraten aktiv in diese Richtung. Aus der Altersforschung ist bekannt, dass Beziehungen zur Natur sowie zu Nutztieren für viele im Alter einen neuen Stellenwert bekommen. Das kann die Bereitschaft fördern, in eine ländliche Region umzuziehen.

Auf Bauernhöfen alt werden

Die Palette an neuen Wohnformen in der Landwirtschaft ist groß: Neben dauerhaftem Wohnen gibt es auch die Option, dass Angehörige und Ältere gemeinsam einen barrierefreien Urlaub verbringen oder die Wohnungen als unterstützte Tages- und Kurzzeitpflege fungieren. Servicewohnen, betreute Wohngemein-

---

schaften oder klassisches Seniorenwohnen sind Modelle, die unterschiedlich hohe Ansprüche an Personal und Ausstattung haben. Landwirtschaftliche Gebäude mit ihren angeschlossenen Betrieben bieten dafür auf dem Land besondere Bedingungen. Diese Möglichkeiten besser zu nutzen und damit auch die Lebensbedingungen für Ältere zu verbessern, ist Ziel von Beratungskampagnen. Weiterführende Infos: www.landwirtschaftskammer.de/Land wirtschaft/landservice/pdf/broschuere-seniorenwohnen.pdf

Solche Modelle sind allerdings nicht einfach umsetzbar und auch nicht immer eine sinnvolle Lösung. Denn die Höfe können abseits von Siedlungen stehen, und die baurechtlichen Hürden sind in Deutschland hoch.

Altwerden auf dem Land oder in der Stadt? Das ist keine wirkliche Wahl, denn Menschen ziehen im Alter selten in eine ganz andere Umgebung als die, in der sie in ihrem Berufsleben gelebt haben. Altwerden auf dem Land ist aber anders als Altwerden in der Stadt. Das zeigt sich nicht nur beim Wohnen, sondern auch in der gesundheitlichen Versorgung. Die Diskussion um den Hausärztemangel auf dem Land, oder um schwer erreichbare Krankenhäuser betrifft vor allem die Älteren. Sie bilden in ländlichen Regionen häufig die größte Bevölkerungsgruppe. Wer selbstständig bleiben und selbstbestimmt altern will, der ist auf eine funktionierende Gesundheitsversorgung angewiesen.

Wenn der langjährige Hausarzt aufhört zu arbeiten und keinen Nachfolger findet, spüren das vor allem Ältere. Denn sie sind die größte Patientengruppe in den Praxen. Das Vertrauensverhältnis zum Arzt ist ihnen besonders wichtig. Wenn sie lange Wege zu einem neuen Hausarzt auf sich nehmen, wenn Termine schwieriger zu bekommen sind, schmerzt das Ältere besonders stark, die z.B. aufgrund chronischer Erkrankungen häufiger in die Praxis müssen. Apotheken gibt es auf dem Land ebenfalls immer seltener, und auch weitere wichtige Gesundheitsberufe wie Physio- oder Psychotherapie sind in urbanen Regionen konzentriert. Die klassische landärztliche Praxis wird zukünftig durch andere Formen von Gemeinschaftspraxen und Gesundheitszentren ersetzt werden. Neue, digital unterstützte Versorgungskonzepte sind vor allem für ländliche Regionen eine Chance, ebenso wie neue Ansätze von Community Health oder Gesundheitszentren (▶ Kap. 2.8). Auch das Zusammenleben auf dem Land kann digital gefördert werden.

Dorfgemeinschaft 2.0

Im westlichen Niedersachsen wird erprobt, wie digitale Technologien in Verbindung mit neuen Versorgungsmodellen das Älterwerden auf dem Land positiv beeinflussen. Dafür kommen Personen zu den Menschen nach Hause und stellen mit ihnen gemeinsam fest, welche besonderen Bedürfnisse es beim Wohnen, in der Mobilität, für die Gesundheit und für soziale Kontakte gibt. Die Menschen erhalten die Möglichkeit, sich in einem Smart Home Showroom umzusehen und Technologien auszuprobieren; sie können auch Computerkurse besuchen. Wenn sie einzelne Technologien zuhause einsetzen, evaluieren die Projektbeteiligten den Nutzen. Außerdem gibt es einen virtuellen Dorfplatz, der als digitaler Treffpunkt und Austauschbörse fungiert.

Weiterführende Infos: www.dorfgemeinschaft20.de/

In den folgenden Kapiteln blitzen die besonderen Bedingungen in ländlichen Regionen immer wieder auf. In den Kapiteln zu Wohnen, Mobilität, Gesundheitsversorgung und Pflege zeigen Exkurse und Beispiele, was das Altern auf dem Land anders macht als in der Stadt. Doch im Dorf können Kommunen genauso wie in Städten beeinflussen, wie altersfreundlich unsere Umgebung ist.

2 Gestaltungsmöglichkeiten

✓ Stadtplanung bringt Menschen zusammen
✓ Mobilität und Wohnen wandeln sich
✓ Prävention wirkt vor Ort

2.1 Bewegung und Begegnung: Wie Stadtplanung gutes Altern fördern kann

Sollen Städte und Gemeinden altersfreundlich sein, muss eine typische Entwicklung der letzten Jahrzehnte umgekehrt werden: die Trennung der Lebensbereiche wie Arbeiten, Wohnen, Einkaufen, Soziales und Freizeit. Wenn Stadtteile wieder alle wichtigen Funktionen in der Nähe zusammenführen, können auch alte Menschen mit Einschränkungen selbstständig in ihrem Viertel leben. Wenn Menschen viele Dinge fußläufig erledigen können, stärkt es ihr Wohlbefinden und ihre Gesundheit. Eine vorausschauende Stadtplanung und »Urban Design« fördern gutes Altern (Oka & Koohsari, 2020). Wie also kann die Stadtplanung dazu beitragen, unsere Städte und Gemeinden altersfreundlich zu gestalten (Gehl, 2021)? Das beginnt damit, die physische Umwelt anders zu gestalten:

• Wichtige Orte in einem Quartier sollten nicht mehr als einen Kilometer voneinander entfernt sein.
• Gehwege sollten so breit sein, dass Kinderwagen oder Hilfsmittel nicht stören.
• Gehwege sollten möglichst durchgehend mit wenig Unterbrechungen verlaufen.

- Beläge sollten rutschfest und trittsicher sein.
- Straßen sollten sicher zu überqueren sein, mit ausreichend langen Ampelphasen.
- Straßen sollten interessant sein, mit auffälligen Gestaltungsmerkmalen auf Augenhöhe.
- Treppen sollen nach Möglichkeit durch befahrbare Rampen ersetzt werden.
- Es sollte ausreichend komfortabel und nach Möglichkeit auch bewegliche Sitzmöbel geben, auf denen man gemeinsam sitzen kann.
- Es sollte viele Bereiche ohne Verkehrslärm geben, in denen sich Menschen unterhalten können.
- Die Bebauung sollte durch Grünflächen und Begrünung von Gebäuden aufgelockert werden.

Wir alle wissen, dass unsere Städte diese Kriterien nur zum Teil erfüllen. Menschliche Bedürfnisse und eine menschengerechte Infrastruktur – erst recht nicht die von und für Fußgänger – sind nicht immer der Ausgangspunkt für die Stadtplanung.

Dabei kann moderne Stadtplanung nicht nur Barrieren beseitigen, sie kann auch dazu anregen, bestimmte Wege zu gehen und Orte zu besuchen, damit sich Menschen stärker begegnen. In den Verhaltenswissenschaften gibt es dafür den Begriff des »nudging«, das man am besten übersetzen kann mit »Anstupsen«. Forscher gehen davon aus, dass es sog. »Entscheidungsarchitekturen« gibt: Je nachdem, wo und wie ein (gesundes) Lebensmittel im Supermarkt präsentiert wird, ist die Wahrscheinlichkeit größer, dass Menschen es kaufen. Je nachdem, wie ein Platz gestaltet ist, werden sich Menschen dort häufiger oder seltener begegnen, weil die Wege entsprechend gestaltet sind. Und sie werden sich generell häufiger draußen bewegen, abhängig von der Gestaltung des öffentlichen Raums. Das hat auch Auswirkungen auf die eigene Gesundheit.

Aus einer modernen stadtplanerischen Sicht sollten die Bedürfnisse der Bevölkerung und unterschiedlicher Bevölkerungsgruppen berücksichtigt werden: bei der Anlage von Plätzen, Verkehrswegen,

Freizeitanlagen oder Grünflächen. Dabei geht es um Faktoren wie Zugänglichkeit, Sicherheit, Komfort und auch Ästhetik.

Wer laufen will, muss sitzen können: bewegungsfreundliche Stadtplanung

Das typische Beispiel sind Sitzmöbel im öffentlichen Raum. Bänke, Stühle und andere Sitzgelegenheiten sind nicht einfach nur Design. Hier treffen sich Menschen, hier ruhen sie sich aus, hier können wir sitzen, ohne etwas kaufen zu müssen. So etwas wissen gerade ältere Menschen zu schätzen, wenn sie sich zwischendurch ausruhen wollen. Andere Ältere, deren Alterseinkommen gering ist, können nicht immer in ein Café gehen, um zu sitzen, weil sie direkt etwas kaufen müssen. An zentralen Orten sollten gut nutzbare Sitzmöbel stehen. Doch häufig gibt es davon zu wenige, oder sie sind so verteilt, dass die Wegstrecken dazwischen zu lang sind. Und wenn man eine Bank erwischt, kommt die nächste böse Überraschung: keine Rückenlehne, sondern eine Art schiefes Sonnensegel, ein gekrümmtes Etwas aus kaltem Metall, ein Bügel ganz weit hinten oder auch einfach gar nichts. Es mag viele gute Gründe geben, Sitzmöbel ein ungewöhnliches Design zu verpassen. Meistens sind das eher ästhetische als funktionale Gründe. Oder man will bewusst verhindern, dass Menschen dort zu lange sitzen oder gar schlafen. Je nach Design solcher öffentlichen Möbel werden Menschen mit körperlichen Einschränkungen oder anderen Bedürfnissen ausgeschlossen. Altersfreundliche Orte sind Orte, an denen alle ihre Bedürfnisse befriedigen können, auch die älteren Menschen. Das betrifft auch das Bedürfnis, sich bequem und ohne Konsumzwang ausruhen zu können. Und Menschen müssen sich dort sicher fühlen können.

Weiterführende Infos: https://abes-online.com/

Mobilität hat für Ältere eine besondere Bedeutung: Bewegung und Begegnung sind die Motoren für aktives und gesundes Altern. Beides ist auch miteinander verbunden: Wenn ich mich bewege und bewegen kann, dann werde ich auch anderen Menschen begegnen können. Soziale Begegnungen stärken wiederum die eigene psychische und physische Gesundheit; meine Fähigkeit, mich zu bewegen, bleibt auch dadurch erhalten.

Es geht bei einer altersfreundlichen und inklusiven Stadtplanung auch darum, außerhalb der privaten Wohnung wieder mehr Räume zu schaffen, wo Menschen sich leicht treffen und gemeinsam aktiv sein können. Größere Wohngebäude bekommen einladende Foyers und Gemeinschaftsräume; Plätze werden so gestaltet, dass es Inseln und sich kreuzende Wege gibt.

Städte können mehr oder weniger »begegnungsfreundlich« sein. Soziale Kontakte entstehen und vergehen, sie können zufällig sein, oder auch gesteuert. Viertel und Quartiere können reine Wohnviertel sein, oder sie haben Plätze, Wege, Geschäfte, Freizeitanlagen, in denen sich Menschen treffen. Wo ältere Menschen wohnen, wollen sie sich wohlfühlen und selbstständig bleiben bis ins hohe Alter. Das Quartier oder Viertel als unmittelbare Umgebung nehmen viele von ihnen durch ihre eigene Brille wahr. Besonders wichtig sind Aspekte wie Erreichbarkeit, Zugänglichkeit, Sicherheit, Vertrautheit oder Unterstützung.

Wie sich ein Viertel entwickelt, hängt von sehr unterschiedlichen Faktoren ab: der Planung und verfügbaren Ressourcen der Kommunen, den Interessen von Investoren, der Attraktivität des Umfelds, der Entwicklung der Bevölkerung. Welche Infrastruktur es in Vierteln gibt, wie der öffentliche Raum gestaltet ist und wie das Wohnumfeld aussieht, ist auch für Ältere von großem Interesse. Bedürfnisse und Interessen der Älteren werden häufig übergangen in der Stadtentwicklung, was aber auch für Kinder und Jugendliche gilt. Eine beteiligungsorientierte Stadtplanung ist anstrengend und nicht unbedingt das allererste Anliegen von Stadtverwaltungen, die Prozesse gerne selbst kontrollieren wollen.

Beteiligung muss politisch gewollt und organisiert werden; sie ist anstrengend und kann auch Ärger verursachen. Gibt es keine Chance, sich an Veränderungsprozessen im eigenen Umfeld beteiligen zu können, nimmt die Identifikation mit dem Stadtteil ab. Ein Quartier oder Stadtteil schöpft seine Identität und Attraktivität durch Aktivitäten seiner Bewohner! Wie können sich Ältere an solchen Prozessen beteiligen? Sie können sich, wie andere Gruppen auch, an Konzepten wie Stadtteilkonferenzen oder Bürgerwerkstätten beteiligen. Es gibt darüber hinaus viele andere kreative Instrumente, wie sie zum Beispiel im Projekt »QuartiersNETZ« angewendet wurden (Heite & Rüßler, 2018).

Photovoice

Gemeinsam mit professionellen Fotografen spazieren ältere Menschen durch ihr eigenes Quartier. Sie gehen an Orte, die für sie eine besondere Bedeutung haben, die ihnen besonders wichtig sind. Die Fotografen halten die Orte aus unterschiedlichen Perspektiven fest, fragen die Älteren danach, was das Besondere für sie ist. Alle Fotos werden anschließend in der Gruppe präsentiert und diskutiert, bevor sie in der Öffentlichkeit ausgestellt werden. Die Fotos selbst entfalten ihre Wirkung unabhängig von Kommunikationskompetenz oder Sprachbarrieren. Das Gespräch und der Austausch bewirken, dass sich Ältere noch einmal neu mit ihrem Stadtteil beschäftigen. Dabei entstehen zugleich Fragen, was die Lebensqualität eigentlich ausmacht und wie sie verbessert werden könnte. Diese Hinweise können in die konkrete Stadtentwicklung einfließen.

Stadtteilspaziergänge

Ältere Einwohner identifizieren auf einer Karte solche Orte, die für sie positiv aufgeladen sind, sowie Orte, die eher negative Gefühle auslösen. Gemeinsam mit Vertretern aus Politik und Verwaltung spazieren die Älteren an diesen Orten. Die Einschätzungen und Äußerungen der Älteren werden unmittelbar beim Spaziergang aufgegriffen und besprochen. Durch Stadtteilspaziergänge an verschiedenen Orten, mit ortskundigen und weniger ortskundigen Älteren, wächst das Bewusstsein für Lösungen, welche die Lebensqualität erhöhen können.

Aktion »WIR im Quartier«

Ältere beteiligen sich nicht allein, sondern auch gemeinsam mit anderen Gruppen an der Stadtentwicklung. Ziel ist es, Verantwortung für die gemeinsame Entwicklung vor Ort zu schaffen und das auch sichtbar zu machen, so wie im Ansatz »WIR im Quartier«. In einer Stadtteilkonferenz werden Grundsätze diskutiert und verabschiedet, auf die sich die Teilnehmer der Aktion verpflichten, wie zum Beispiel: zum Mitmachen einladen, aktiv im Quartier sein, Vielfalt leben, gemeinsam älter werden. Diese Prinzipien – zusammen mit Kontaktdaten eines Ansprechpartners – werden auf Flyern im Quartier verteilt. Damit soll ein Anstoß gegeben werden, weitere Beteiligte zu finden und gemeinsam neue Lösungen zu entwickeln.

Mit solchen Instrumenten werden Ältere ermutigt, ihre eigenen Perspektiven in die Stadtentwicklung einzubringen. Allerdings besteht wie bei allen »Komm-Strukturen« immer das Problem, dass sich in der Regel diejenigen beteiligen, die ohnehin aktiv und interessiert sind. Was aber ist mit denjenigen, die Einschränkungen haben und wenig mobil sind, die sich unsicher in der Kommunikation fühlen oder die keine ausreichenden Sprachkenntnisse haben?

Ältere Migranten sind eine der Gruppen, deren Bedürfnisse häufig zu kurz kommen. Entscheidend ist, die passenden Personen mit Sprachkompetenz zu finden, um ältere Migranten an den für sie wichtigen Lebensorten aufzusuchen. Pflegebedürftige, die zuhause in ihrer Wohnung leben, sind besonders schwer zu erreichen. Doch auch sie können und sollen ihre Perspektiven in die Stadtentwicklung einbringen, damit sie sich nicht zu sehr auf ihre Wohnung zurückziehen müssen. Und gerade für sie sind leichte Erreichbarkeit und Barrierefreiheit im Viertel besonders wichtig, um am sozialen Leben weiterhin teilhaben zu können. Vereinsamte Ältere finden den Kontakt in die soziale Gemeinschaft kaum noch. Ihre Bedürfnisse zu berücksichtigen, wäre besonders wichtig.

Wie erreicht man die schwer Erreichbaren? Es gibt Orte, an denen fast alle Menschen irgendwann anzutreffen sind, etwa in Einkaufszentren oder in Hausarztpraxen. Hier kann man Ältere finden, die Beratung und Unterstützung brauchen. Man kann an diesen Orten auch Ältere finden, die zum ersten Mal angesprochen werden, ob sie sich in und für ihren Stadtteil engagieren wollen. Denn aus der Forschung zu freiwilligem Engagement ist bekannt, dass nur wenige Menschen bislang persönlich angesprochen wurden. Werden Menschen direkt angesprochen, ist die Chance sehr hoch, dass sie sich engagieren und beteiligen.

Ältere Menschen können ihre eigenen Perspektiven und Bedürfnisse entdecken und einbringen. Damit ist allerdings noch nicht gesagt, dass Entscheidungen in Rat und Verwaltung solche Impulse auch berücksichtigen. Notwendig sind strategische Entscheidungen der Kommune, die Lebensqualität älterer Menschen fördern und dafür die Älteren selbst auch einbinden zu wollen. Gibt es eine solche Entscheidung, vielleicht sogar einen vom Rat beschlossenen Plan, dann sind Politik und Verwaltung darauf angewiesen, dass Vereine, Initiativen, Interessenvertretungen und die Menschen selbst einen Teil der Verantwortung übernehmen. Die kommunale Verwaltung selbst kann bis zu einem gewissen Grad koordinieren und auch Geld zur Verfügung stellen.

Eine moderne Seniorenpolitik in Kommunen setzt darauf, die Bedürfnisse, Ideen und Anregungen in Workshops und anderen Formaten gemeinsam mit Älteren zu entwickeln. Das gilt für alle wesentlichen Themenfelder dieses Buches, ob für Wohnen, Mobilität, Gesundheitsversorgung oder Pflege. Die Beteiligung an der Stadtentwicklung ist eine Sache. Am sozialen und kulturellen Leben in der Gemeinde überhaupt teilzuhaben, kann für Ältere mit besonderen Herausforderungen verbunden sein.

2.2 Für Leib und Seele: Teilhabe am kulturellen und sozialen Leben vor Ort

Mit der Kultur ist es so wie mit der Technik: Eigentlich wollen Ältere keine »Seniorenhandys« kaufen müssen, sondern handelsübliche Mobiltelefone für jedermann. Viele Ältere möchten deshalb auch nicht ins Theater oder Konzerte nur oder speziell »für Ältere« gehen. Und doch gibt es zielgruppenbezogene Kulturangebote extra für Ältere in den Kommunen. Am bekanntesten ist wahrscheinlich das Seniorenkino. So etwas bieten fast alle Kinobetreiber an: zu besonderen Uhrzeiten, mit besonderem Programm. Warum eigentlich? Das sind zunächst eher wirtschaftliche Interessen: Ältere gehen deutlich seltener ins Kino als Jüngere. Kinobetreiber versuchen daher, diese Zielgruppe besser zu erschließen. Für Ältere ist es eine Gelegenheit, ihre Wunschfilme gemeinsam zu sehen und sich anschließend auch darüber zu unterhalten. Manche Kinos bieten die Tickets in Verbindung mit Kaffee und Kuchen an.

Altersbezogene Kulturangebote gibt es häufiger als man denkt, nicht nur in Form von Ü50- Partys. Hier geht es weniger um eine Trennung der Generationen, sondern eher um Musik, die eine Generation untereinander verbindet. Kulturelle Bedürfnisse ändern sich allerdings auch mit dem Alter. Typisch sind Wünsche, die lange nicht erfüllt werden konnten, die im Alter jedoch wieder stärker werden, wie zum Beispiel das Erlernen von Musikinstrumenten oder Schauspielerei. Allerdings sind Ältere häufig nicht die primäre Zielgruppe von Musikschulen oder anderen Einrichtungen, die stärker auf kulturelle Bildung im Jugendalter setzen. Außerdem gründen sich immer mehr Theatergruppen und auch Bands, in denen nur oder auch Ältere zusammenkommen, die ihre kulturellen Vorlieben gemeinsam umsetzen wollen.

In der sozial-gerontologischen Forschung gibt es die Einschätzung, dass in der nachberuflichen Phase vor allem Bildung und Kultur zu neuen Orientierungsfaktoren werden (Kolland & Gallistl, 2022). Bildung und Kultur bekommen allerdings auch eine andere Bedeutung. So gaben in einer breiten Befragung in Österreich rund 80 Prozent der Älteren an, dass sie sich soziale Kontakte wünschen und aus diesem Grund zu kulturellen Veranstaltungen gehen wollen (Kolland & Gallistl, 2022).

Kulturelle Teilhabe erschöpft sich nicht in besonderen Angeboten für Ältere oder Mehrgenerationenprojekten, was auch gar nicht von allen so gewünscht wird. Vielmehr geht es darum, Ältere nicht von Kultur auszuschließen, sie zu motivieren und Barrieren aus dem Weg zu räumen. Das beginnt bei den Bauten: Gerade kleinere, frei finanzierte Theater, Museen oder Veranstaltungsorte können sich barrierefreie, moderne Gebäude nicht leisten. Die Barrieren können nicht nur die üblichen wie Treppen oder unbequeme Stühle sein. Insbesondere bei Musik, Theater oder Tanz können schwache Akustik oder schlechte Lichtverhältnisse dazu führen, dass Ältere sich ausgeschlossen fühlen. Auch die Preise für Kultur sind Barrieren, denn soziale Ungleichheit ist auch im Alter ausgeprägt.

Weitere Faktoren wie große Entfernungen vom Wohnort oder eigene körperliche Einschränkungen kommen hinzu, die Ältere von Bildung und Kultur ausschließen können. Dabei ist Kultur für die Gesundheit und Lebensqualität im Alter besonders wichtig. Die Weltgesundheitsorganisation geht davon aus, dass kreative und kulturelle Tätigkeiten das Wohlbefinden deutlich erhöhen und auch die kognitive Leistungsfähigkeit erhalten (Fancourt & Finn, 2019). Kultur kann konkrete therapeutische Wirkungen haben, etwa Musik aus der eigenen Jugend. Für Menschen mit Demenz können Musik und Bilder im Kontext biografisch bedeutsamer Erlebnisse eine zentrale Rolle spielen.

In Großbritannien hat man solche Erkenntnisse ernst genommen und sogar eine Art von »Kultur auf Rezept« eingeführt. Hausärzte des nationalen Gesundheitssystems können mit Hilfe sog. »Brückenbauer« ihren Patienten Museumsbesuche oder die Teilnahme an Leseclubs ermöglichen, sozusagen als nicht-medizinische Anwendung. Immerhin sind nach empirischen Erkenntnissen rund ein Drittel der

Arztbesuche in Großbritannien dort nicht medizinisch veranlasst, sondern haben andere Gründe (Hume & Renowden, 2021).

Was aber ist mit denen, die eingeschränkt sind, kulturelle Veranstaltungen zu besuchen? Die häufigste Barriere für Ältere ist die Entfernung, gefolgt von Geldsorgen. Vor allem Bewohner von Pflegeheimen haben selten Zugang zur Kultur vor Ort. Die Kultur kann aber auch zu ihnen kommen: In Form von Theatergruppen, Mitmach-Konzerten oder von Kulturpaketen, die den Bewohnern regelmäßig zugeschickt werden. Kultur ist nicht nur der Besuch von Veranstaltungen, sondern auch das Selbermachen, das Mitmachen, das eigene kreative Handeln.

Die aktive Auseinandersetzung mit der eigenen Kreativität hat große Bedeutung im Alter: eines der zentralen Themen der Geragogik. Das kann in der gleichen Altersgruppe geschehen und ist zugleich häufig ein Anlass, um Generationen zusammenzubringen.

Generationenverbindender Tanz in England

»Inclusive Intergenerational Dance« aus England ist ein gemeinnütziges Projekt mit dem Ziel, Generationen über kreative Aktivitäten zusammenzubringen, vor allem über Tanz. Gerade auch Demenzerkrankte werden angesprochen. Mit regelmäßigen Formaten wie »Kreatives Mittagessen« oder »Kreativer Sitz-Tanz« motivieren die Mitglieder des Projekts die Teilnehmer, eigene, passende Tanztechniken zu probieren und gemeinsam weiterzuentwickeln. Mit Konzepten wie »Tanzen für Parkinson« werden zugleich Kampagnen gefahren, um mehr Bewusstsein für den Umgang mit Einschränkungen zu wecken und Lebensqualität durch Kreativität zu steigern. Der British Arts Council unterstützt solche Organisationen, um vor Ort und in Pflegeeinrichtungen Möglichkeiten zu bieten, sich im Alter kreativ zu betätigen, zu bewegen und zugleich soziale Kontakte zu fördern. Es ist Teil der übergeordneten Strategie, wachsender Einsamkeit im Alter vorzubeugen und die Gesundheit zu fördern.

Weiterführende Infos: www.iid.org.uk/about

In der Wissenschaft ist umstritten, ob »Generationentandems« immer der richtige Ansatz sind (Bubolz-Lutz et al., 2022). Bei digitalen Kompetenzen gehen viele wie selbstverständlich davon aus, dass die »digital natives« unter den Jüngeren den Älteren neue Fähigkeiten am besten vermitteln können. In vielen Städten und Gemeinden gibt es daher Internetcafés, in denen solche intergenerationellen Tandems gefördert werden. Doch die Forschung zeigt, dass solche ungleichen Beziehungen nicht immer sinnvoll sind (Kolland et al., 2018). So lassen sich ältere Menschen von erfahrenen Gleichaltrigen eher helfen, um gegenüber Jüngeren nicht als »von gestern« oder inkompetent dastehen zu müssen. Ähnliches gilt für jüngere und moderne Kunstformen. Nicht alle Jüngeren haben einen Bezug dazu, genauso wie es umgekehrt Ältere gibt, die das besonders interessiert. Daher gibt es auch kulturelle Ansätze mit modernen Ausdrucksformen, bei denen sich Generationen auf Augenhöhe begegnen.

Gemeinsamer Poetry Slam in Graz

Die Kunstform des Poetry Slam hat sich seit den 1990er Jahren von den USA aus weltweit verbreitet. Hier versammeln sich Menschen um eine Bühne, auf der selbst verfasste Texte vorgetragen werden. Alle bekommen dafür die gleiche Zeit, und hinterher entscheidet das Publikum, welche Vorträge am besten waren. Es geht auch darum, den Text durch besondere Elemente interessanter zu machen und eine ausdrucksvolle Performance zu bieten. 2018 brachte ein katholisches Bildungswerk in Österreich junge und ältere Menschen dafür zusammen, die zuvor noch keine Erfahrung mit Poetry Slams hatten. Es sollten also nicht die Älteren von Jüngeren lernen. Stattdessen entwickelten die Generationen gemeinsam eine für sie neue Kunstform und verfassten persönliche, auch biografisch geprägte Texte dafür. Der Kurs wurde dafür mit einem Preis für gute Seniorenbildung ausgezeichnet.

Weiterführende Infos: www.khg-graz.at/einrichtung/139/bildungundkultur/veranstltungenbildungkult/poetryworkshopslam

Das Interesse an Bildung und Kultur ist im Alter genauso unterschiedlich wie in anderen Lebensphasen. Der eigene soziale und biografische Hintergrund, Ressourcen, Lebensstil und Wohnort führen dazu, dass es »die Älteren« auch hier nicht als einheitliche Zielgruppe gibt. Allerdings besteht die Chance, dass Menschen im Alter Kultur neu für sich entdecken, die früher eher ausgeschlossen waren. Um diese Chance zu nutzen, muss die Bildungs- und Kulturarbeit die gleiche Herausforderung bestehen, wie sie auch in der Sozialen Arbeit seit langem existiert: Wie erreiche ich diejenigen, die nur schwer zu erreichen sind? Die alten und neuen Bedürfnisse an Kultur im Alter für alle zu befriedigen, ist daher ein wichtiger Auftrag, unabhängig davon, wie mobil Menschen im Alter noch sind.

2.3   Mobil bleiben: Mit oder ohne Auto

Mobilität gehört genau wie Kultur oder Wohnen zu den grundlegenden Bedürfnissen von Menschen, auch im Alter. Mobilität ist mehr als der Verkehr, der uns umgibt. Wir wollen Wege zurücklegen, um Geschäfte, Krankenhäuser, Theater, Plätze und vor allem andere Menschen zu erreichen. Auch in einer zunehmend digitalisierten Welt gibt es viele Wege, die draußen sind: Straßen, Radwege, Bürgersteige, Feldwege, Kreuzungen und Querungen. Und es gibt verschiedene Arten, auf diesen Wegen unterwegs zu sein: zu Fuß, mit einem Hilfsmittel wie Stock, Rollator oder Rollstuhl, mit Rad oder Roller, mit Bussen und Bahnen, mit Taxen und auch mit dem Auto.

Das fossile Ressourcen nutzende Auto als Ausdruck individueller Mobilität ist vor allem durch die schwerwiegende Klimakrise und die mit dieser verbundenen, notwendigen klimapolitischen Wende in die Kritik geraten. Dabei steht das Auto auch für die besonderen Mobilitätsbedürfnisse im Alter, im Guten wie im Schlechten. Für Ältere bedeutet der Moment häufig ein tiefer Einschnitt, in dem sie nicht mehr selbst Auto fahren können oder dürfen. Es ist zunächst ein großer Verlust an Selbstständigkeit, so empfinden es jedenfalls die meisten. Auf dem Land, mit schlechteren Anbindungen an den ÖPNV, schwinden mit dem Verlust des Autos auch die Mobilitätsmöglichkeiten. Die Altengenerationen der in der zweiten Hälfte des 20. Jahrhunderts Geborenen sind in einer Gesellschaft der Automobilität aufgewachsen.

Im Vergleich der Geschlechter fällt dabei ein besonderer Befund ins Auge: Ältere Frauen verfügen wesentlich seltener über ein eigenes Auto als ältere Männer, was mit der Fahrerlaubnis zusammenhängt. In der großen Befragung »Mobilität in Deutschland« aus dem Jahr 2008 zeigte sich, dass nur 40 Prozent der Frauen über 75 Jahren einen Führerschein besaßen, während es bei den Männern über 90 Prozent waren (infas, 2008).

Während dies in Städten mit gut ausgebautem öffentlichem Personennahverkehr und verdichteter Infrastruktur eine geringere Rolle spielt, wird es auf dem Land zum Problem. Die statistischen Auswertungen zeigen deutlich, dass vor allem Frauen weitere Wege nur unter größeren Anstrengungen oder auch gar nicht zurücklegen können. Ob sich das beispielsweise auch auf Praxisbesuche auswirkt und die Zahl der unnötigen Krankenhauseinweisungen erhöht, ist unklar.

In der öffentlichen Diskussion dominiert jedoch ein ganz anderes Thema, wenn über Ältere und Autos gesprochen wird, nämlich die Fahrtüchtigkeit. Es ist bezeichnend, dass dieses Thema so stark im Vordergrund steht. Zum einen spiegelt sich darin ein defizitorientiertes Bild des Alters wider, das gerade in Deutschland immer noch die Diskussion über demografischen Wandel prägt (wie im Übrigen auch das unsägliche Adjektiv »überaltert«, das selbst seriöse Medien immer wieder benutzen). Zum anderen ist es statistisch erwiesen, dass Ältere im Verkehr in erster Linie »Gefährdete« und nicht »Gefährder« sind. Darauf weist auch der ADAC regelmäßig hin. Ohne jeden Zweifel sind Ansätze sinnvoll, wie die Fahrtüchtigkeit älterer Menschen gestärkt werden kann, auch in deren eigenem Interesse. Ebenso wichtig ist es, realistische Selbsteinschätzungen des eigenen Fahrvermögens zu fördern.

Die eigentliche Frage lautet jedoch: Wie können Ältere mobil bleiben, ganz egal, welche eigenen Erfahrungen und Ressourcen sie haben und wo sie wohnen? Der Verkehrsclub Deutschland (VCD) hat das Jahr 2022 zum Jahr der »sozial gerechten Verkehrswende« ausgerufen. Einerseits brauchen wir andere Formen der Mobilität, damit die Klimaziele erreicht werden können. Andererseits benötigen gerade auch viele Ältere bessere und bezahlbare Mobilitätsangebote, um nicht vom gesellschaftlichen Leben ausgeschlossen zu werden.

Die soziale Dimension der Verkehrswende steht häufig im Schatten der Klimapolitik. Dabei gibt es gar keinen Gegensatz zwischen den ökologischen und sozialen Zielen. So sieht das zumindest der VCD als alternativer Verkehrsclub. Das spiegelt sich auch in dessen politischen Forderungen. »Alle Orte mit über 200 Einwohnern müssen mindestens stündlich per ÖPNV erreichbar sein«, sagt Kerstin Haarmann, die Bundesvorsitzende des VCD.

Eine solche Mobilitätsgarantie wäre im Interesse vieler älterer Menschen. Gerade auf dem Land garantiert bis heute häufig nur das eigene Auto, mobil zu bleiben. Busse und Bahnen bummeln – wenn überhaupt – deutlich seltener durch die Dörfer. Was sind bislang die Alternativen für Ältere? Grundsätzlich gibt es Einiges:

- Fahrräder und E-Bikes
- Car Sharing und Sharing von Verkehrs- und Hilfsmitteln
- Organisierte Mitfahrgelegenheiten
- Bürgerbusse
- Rufbusse
- Taxen

Viele dieser Optionen konzentrieren sich allerdings auf Städte, in denen vor allem der ÖPNV sowie der vernetzte Rad- und Fußgängerverkehr die Mobilität der Zukunft sind. Wer sich auf dem Land kein Auto leisten oder nicht (mehr) Auto fahren kann, dessen Mobilität ist stark eingeschränkt.

In Städten sieht die Situation für Ältere in der Regel besser aus, zumindest dann, wenn sie einigermaßen zentral wohnen. Das Angebot im ÖPNV ist in der Regel gut; auch zu Fuß und mit dem Rad lässt sich einiges erledigen. Allerdings tauchen hier andere Fragen auf:

* Fühle ich mich an Haltestellen sowie in Bussen und Bahnen sicher, sind sie barrierefrei zu nutzen?
* Wie teuer sind Tickets? Gibt es besondere Angebote? Wie verständlich sind Fahrpläne und Tarifstrukturen?
* Sind Rad- und Fußgängerwege barrierefrei und gut miteinander verbunden?
* Kann ich Räder oder Hilfsmittel leicht und sicher abstellen?
* Sind Ampelanlagen barrierefrei und sind Ampelphasen auch für langsame Fußgänger lang genug?
* Ist die Beschilderung klar oder verwirrend?
* Sind die Mobilitätsbereiche voneinander getrennt oder gibt es Shared Spaces?
* Gibt es genügend Sitzgelegenheiten im öffentlichen Raum?

Bürgerbusse: Alternative für die Mobilität auf dem Land?
Bürgerbusse werden in der Regel von ehrenamtlichen Vereinen betrieben. Sie wollen dort Lücken schließen, wo reguläre Busse und Bahnen gar nicht verkehren und Taxen den Menschen zu teuer sind. Vor allem ältere Menschen nutzen Bürgerbusse, gerade in ländlichen Regionen. Bürgerbusse gehören – genau wie Taxen – zum öffentlichen Personennahverkehr in den Kommunen. In der Regel haben sie einen festen Fahrplan mit festen Haltestellen. Manchmal fahren Busse auch auf Anforderung. Wie gut und verlässlich das Angebot ist, hängt von der Zahl und vom Engagement der Ehrenamtlichen der Bürgerbusse ab.

Weiterführende Infos: https://www.buergerbus-bw.de/ange botsformen/der-buergerbus

Abb. 2.1: Bürgerbusse – häufig, besonders in ländlichen Regionen, Teil des öffentlichen Personennahverkehrs (© Regionalverkehr Münsterland GmbH)

Solche Themen beschäftigen auch die Seniorenbeiräte in den Städten und Gemeinden. Die ehrenamtlichen Vertreter in den Beiräten stellen immer wieder fest, dass schon die Frage der Zuständigkeit enorme Probleme bereitet. Nicht für alle Aspekte sind die Kommunen selbst verantwortlich. Haltestellen und Verkehrsmittel sind Angelegenheit von Verkehrsverbünden, während die restliche gebaute Infrastruktur in der Hand der Kommunen liegt. Da es nach wie vor kein umfassendes und allgemeines Mobilitätsgesetz gibt, sind einer bedarfsgerechten Planung sowie flexiblen Lösungen in den Kommunen ohnehin Grenzen gesetzt.

Für eine altersfreundliche und damit zugleich inklusive und generationenfreundliche Planung der Mobilität müssen viele Aspekte zusammengedacht werden. Sowohl bei der Bahn als auch in der kommunalen Verkehrsplanung werden Ältere wie auch andere gesellschaftliche Gruppen inzwischen stärker eingebunden. Der Klas-

siker sind Fahrscheinautomaten, deren Informationen man kaum
verstehen, geschweige denn bedienen kann, wenn die Zeit mal drängt
oder man selbst körperlich eingeschränkt ist. Dieses Problem wird
sich wahrscheinlich in Deutschland erledigen, sobald sich dort das
sog. 49 Euro-Ticket etabliert hat. Auch die Zugänge zu Haltestellen,
die Sicherheit im öffentlichen Raum oder in den Fahrzeugen selbst
sind Themen, an denen ältere Menschen direkt beteiligt werden
sollten.

Ein weiterer Trend verändert auch das Mobilitätsverhalten Älterer, gerade in den Städten: das Wachstum bei E-Bikes und weiteren
elektrischen Fahrzeugen wie drei- oder vierrädrigen E-Scootern,
einschließlich Sharing-Angeboten. Es ist offenkundig, dass der Boom
bei E-Bikes viele neue Menschen auf die Räder gebracht hat, gerade
auch Ältere. Mit diesen Möglichkeiten wachsen der Bewegungsradius
und zugleich die Anforderungen an die Infrastruktur und Sicherheit.
Dabei nehmen auch Konflikte zwischen Verkehrsteilnehmern zu. Das
zeigt, dass neue Produkte ohne eine passende Gestaltung von Umgebung und Infrastruktur ihre Potenziale für eine inklusive und altersfreundliche Gemeinde nicht ausspielen können.

Viele Ältere wohnen allein, vor allem Frauen, und dieser Trend
wird sich trotz neuer Wohnformen wie Wohngemeinschaften oder
Mehrgenerationenwohnen nicht so schnell ändern. Umso wichtiger
ist es, dass der öffentliche Raum so gestaltet ist, dass Kontakte, Begegnungen, Erlebnisse und Bewegung leicht möglich sind. Ab einem
bestimmten Alter nimmt außerdem der Bewegungsradius ab, viele
Strecken werden kürzer, die unmittelbare Umgebung ist am wichtigsten. Daher sind altersfreundliche Städte immer auch fußgänger-
freundliche Städte, weil dies die wichtigste Form der Mobilität im
Alter ist. Nachdem viele Städte bereits Radbeauftragte ernannt haben, gibt es immer häufiger auch Fußgängerbeauftragte oder gemeinsame Mobilitätsbeauftragte. Sie sollen die Verkehrswende in
Städten und Gemeinden nicht nur aus ökologischer Sicht voran-
bringen, sondern auch die soziale Dimension stärken.

Das Auto – trotz ökologischer Bedenken – bleibt dennoch gerade für viele Ältere das wichtigste Verkehrsmittel. Es ist auch eine soziale Herausforderung, Alternativen anzubieten, die akzeptiert werden.

Neben dem Auto, dem ÖPNV sowie dem Rad- und Fußgängerverkehr rückt die Bahn in den Fokus, wenn längere Strecken gefahren werden müssen. Auch für Ältere sind Regional- und Fernzüge ein wichtiges Verkehrsmittel. Hier zeigt sich ein ähnliches Bild wie beim ÖPNV: Die Stilllegung vieler Strecken hat ländliche, dünner besiedelte Regionen vielerorts abgeschnitten vom Netz der Bahn und damit auch viele ältere Menschen. Verkehrspolitisch gab es eine Phase, in der die Bahn umfänglich privatisiert werden sollte. Inzwischen bekennen sich beinahe alle politischen Parteien dazu, dass die Bahn auch Teil der Daseinsvorsorge ist. Entsprechend sollen möglichst alle Regionen wieder gut an das Strecken-Netz angeschlossen werden. Das wird jedoch viele Milliarden Euro an Investitionen bedeuten und nicht übermorgen erledigt sein.

Außer diesem zentralen Aspekt gibt es noch weitere, vor allem die Bezahlbarkeit und Zugänglichkeit, und damit Barrierefreiheit, von Bahnhöfen und Waggons. Die Bahn hat zwar Fahrgastbeiräte eingerichtet, in denen die Interessen und Bedürfnisse Älterer berücksichtigt werden sollen. Doch im Alltag türmen sich nach wie vor Barrieren auf: komplizierter Ticketkauf, unverständliche Durchsagen an Bahnhöfen, zu enge Gänge oder Stolperstufen am Eingang zum Waggon sind typische Erfahrungen, die nicht nur Ältere machen.

Für viele Hochaltrige ab 80 Jahren steht die Bahn allerdings weniger im Fokus, da ihre Wege im Alltag eher kürzer sind. Ein Aspekt, der dabei häufig übersehen wird, ist die Mobilität von pflegebedürftigen älteren Menschen. In Pflegeheimen, die Teil von Quartieren sind, beschränkt sich Mobilität häufig auf die Wege im Heim selbst und in den Außenanlagen. Das ist zu wenig, wenn das Bedürfnis nach Mobilität umfassend befriedigt und soziale Teilhabe ermöglicht werden soll.

Mobilität von Pflegebedürftigen – Leistung der Sozialversicherung oder Aufgabe der Kommunen?

Bewohner in Heimen können motiviert und unterstützt werden, sich außerhalb des Heimes zu bewegen, spazieren zu gehen oder kleine Besorgungen zu machen. Allerdings braucht der Sozialdienst in Heimen dazu einen Auftrag und die Zeit, denn es ist aufwändig, einzelne Bewohner draußen zu begleiten. Eine Alternative sind ehrenamtliche oder familiäre Begleitpersonen, was allerdings versicherungsrechtliche Fragen aufwirft. Gerade die außerhäusliche Mobilität ist eines der Bedürfnisse, die in den meisten Heimen selten erfüllt wird (Deutscher Bundestag, 2016).

Wenn Menschen in Pflegeheimen, im betreuten Wohnen oder in der ambulanten Pflege mobil bleiben wollen, sind neue Ansätze gefragt. Denn bislang fühlen sich Betreiber von Pflegeheimen dafür kaum verantwortlich und sehen eher die Angehörigen in der Pflicht. Wenn ältere Menschen pflegebedürftig werden, haben sie Anspruch auf individuelle Leistungen, die vom System der Sozialversicherung finanziert werden.

Die Pflegekassen können Maßnahmen der Mobilitätsförderung direkt oder indirekt unterstützen: direkt durch Hilfsmittel wie Rollatoren, indirekt durch die Finanzierung von Personal wie etwa den Sozialen Dienst. Angehörige des Sozialdienstes können Menschen raus ins Viertel begleiten, ihnen im Umgang mit neuen Fahrgeräten wie E-Mobilen helfen: Damit erweitert sich der Radius für Bewohner von Pflegeheimen, und sie können stärker am sozialen Leben teilhaben. In einem beispielhaften Projekt hat die Sozialholding Mönchengladbach einen eigenen Trainingsparcours neben ihrem Pflegeheim geschaffen. Dort können Bewohner auf elektrischen Mobilen das Fahren üben. Das vermittelt Lebensfreude und Erfolgserlebnisse genauso wie die Chance, den eigenen Bewegungsradius zu vergrößern.

Weiterführende Informationen: www.sozial-holding.de/senio ren-scooter-sharing.html

Abb. 2.2: Mobilität erhalten – auch bei Pflegebedürftigkeit (© Sozial-Holding der Stadt Mönchengladbach)

Auch Pflegeheime öffnen sich stärker hin zu den Vierteln, in denen sie stehen. Doch die meisten pflegebedürftigen Menschen leben zuhause und nicht im Heim. Wohnen ist ein privater Raum, das Zuhause ist etwas, das mit unseren Lebenserfahrungen und Lebensgewohnheiten zu tun hat. Um diesem Grundbedürfnis gerecht zu werden und neue Bedürfnisse des Alters zu berücksichtigen, verändern sich Wohnausstattung und Wohnformen im Alter.

2.4 Zeit für die Senioren-WG? Neues Wohnen und neue Wohnformen

Zuhause alt werden wollen die meisten von uns. 96 Prozent aller über 64-Jährigen leben ohnehin zuhause, in ihrer vertrauten Umgebung

(Körber-Stiftung, 2022). Unter der Babyboomer-Generation, die jetzt ins Rentenalter kommt, leben die meisten außerdem in der eigenen Wohnung oder im eigenen Haus.

Das Wohnen verändert seinen Stellenwert, wenn wir älter werden. In der nachberuflichen Phase wird die Wohnung noch stärker zum Zuhause. Wenn Einschränkungen zunehmen und die Mobilität abnimmt, verbringen Menschen die meiste Zeit in ihren eigenen vier Wänden.

Umzüge sind im Alter deutlich seltener. Nach der Berufs- und Familienphase fehlen einerseits die Anlässe. Es gibt zudem wirtschaftliche Gründe. Selbst eine kleinere Mietwohnung kann zu aktuellen Mietpreisen deutlich teurer sein als die langjährig genutzte Wohnung. Dadurch leben viele Ältere allerdings in »zu großen« Wohnungen, während Familien genau solche Wohnungen suchen. Dieses Problem hat nicht nur soziale und wirtschaftliche Folgen. Auch der Flächenverbrauch steigt dadurch und damit der große ökologische Fußabdruck, den eine wenig anpassungsfähige Bau- und Wohnungspolitik hinterlässt. Umzüge finden im Alter dann statt, wenn es die Situation durch Erkrankung oder Pflegebedürftigkeit erzwingt. Dabei wäre eine größere und frühzeitige Anpassung wichtig, um gut zuhause alt werden zu können.

Architektur und bauliche Standards müssen sich in einer Gesellschaft des langen Lebens verändern. Damit der größte Teil älterer Menschen zukünftig zuhause leben kann, fehlt es momentan noch an ausreichend barrierefreien Wohnungen. Denn die Wirklichkeit in Deutschland sieht anders aus. Die meisten älteren Menschen leben in Immobilien, die aus der Mitte des 20. Jahrhunderts stammen. Hier gibt es meist typische Barrieren: Treppenstufen, Schwellen beim Zugang in die Dusche, zu wenig Bewegungsraum im Badezimmer, zu schmale Türen. Inzwischen wurden die Standards für Barrierefreiheit zwar erhöht. Doch bis sich das im Baubestand auswirkt, dauert es lange. Außerdem sind auch die aktuellen Standards ein Kompromiss aus barrierefrei und kostensparend. Umrüsten und umbauen lässt sich zwar auch im Bestand. Doch das können und wollen sich nicht alle leisten. Hinzu kommt, dass die Wohnberatung nicht allen Menschen zur Verfügung steht. Zwischen und innerhalb der Bundesländer ist die Ausstattung höchst unterschiedlich. In manchen Kommunen kommen versierte Hauptamtliche nach Hause und beraten. In anderen Gemeinden übernehmen Freiwillige diese Aufgabe, oder es gibt gar keine Wohnberatung.

Seniorengerecht, altengerecht oder barrierefrei: Was sind die Unterschiede?

Die Begriffe »seniorengerecht« oder »altengerecht« klingen zwar gut, doch sie sind ungenau und in erster Linie ein Verkaufs- oder Vermietungsargument. Denn eine seniorengerechte Wohnung muss nicht so ausgestattet sein, dass sie mit körperlichen Einschränkungen gut zu bewohnen ist. Anders sieht das aus beim präziseren Begriff der Barrierefreiheit. In Bezug auf Gebäude gibt es durch die DIN 18040 eine Norm zum barrierefreien Bauen, die durch die Integration in Landesbauordnungen verpflichtend geworden ist. Diese Norm soll den Anspruch des Behindertengleichstellungsgesetzes in Paragraph 4 einlösen, damit auch Menschen mit Einschränkungen das Gebäude in gleicher Weise und ohne fremde Hilfe nutzen können. Ob das in der Praxis immer angemessen umgesetzt wird, ist eine andere Frage.

Die empirischen Erkenntnisse über den Bestand und den Bedarf an altengerechten Wohnungen sind dürftig (Deutscher Bundestag, 2016). Zum einen variieren die Definitionen von »altengerecht«, wie oben angesprochen. Zum anderen gibt es nur wenige systematische Erhebungen zu diesem Thema. Eine Untersuchung des Deutschen Zentrums für Altersfragen im Jahr 2014 ergab, dass von den Personen, die auf Hilfsmittel wie Rollatoren angewiesen sind, lediglich 6,9 Prozent in einer sog. »barrierereduzierten Wohnung« lebten (Nowossadeck & Engstler, 2017).

Wie sähe eine altengerechte Wohnung der Zukunft aus? Sie müsste unterschiedliche Bedürfnisse in puncto Komfort und Sicherheit erfüllen, die mit dem Alter auftreten und die sich auch verändern können:

- Barrierefreie Zugänge in Anlagen, Räumen und Schränken
- Ausreichend Bewegungsraum und Abstellflächen für Hilfsmittel
- Sonnenschutz und Temperaturmanagement
- Intelligenter Brandschutz
- Automatische Licht- und Herdanschaltlagen
- Intelligente Schließtechnik
- Energiemanagement
- Gästewohnungen/-zimmer für Besuche von Angehörigen und Freunden

Wohnen ist auch im Alter ein Kostenfaktor. Die steigenden und ungleich verteilten Wohnkosten, einschließlich Energie, sind für Ältere ein wichtiges Thema, auch wenn ihre Einkommenssituation unterschiedlich ist. In einer der wenigen empirischen Studien zum Thema zeigte sich, dass Haushalte von 65- bis 85-Jährigen ein Drittel ihres Einkommens für die Wohnkosten ausgeben. Die einkommensschwachen Haushalte unter ihnen, denen weniger als 1.000 Euro netto zur Verfügung standen, mussten bereits vor zehn Jahren die Hälfte ihres Einkommens dafür verwenden (Köcher, 2012). Bedenkt man, dass Ältere häufiger in Gebäuden mit veralteter Energietechnik wohnen, kommen die massiv steigenden Kosten für Heizung und Haushaltsstrom noch hinzu.

Doch auch gut situierte ältere Menschen stehen vor Herausforderungen, zum Beispiel Eigenheimbesitzer in ländlichen Regionen. Wenn der Wert der Immobilie wegen des demografischen Wandels sinkt, lohnt sich ein Verkauf kaum. Zugleich müssen sie investieren, wollen sie altengerecht wohnen. Eine Alternative – auch zum Vererben – wäre es, den Wohnraum aufzuteilen oder gemeinschaftliche Wohnprojekte umzusetzen, für die es auch Fördergeld gibt. Das würde mehreren Personen und auch den Kommunen selbst helfen, denn Neubauten sind ökologisch wie ökonomisch problematisch.

Wie sehr kommt es auf den Einzelnen an, wenn die Wohnung den Bedürfnissen des Alters gerecht werden soll? Und in welchem Maß sind Kommunen, Wohnungsunternehmen, Kostenträger, der Gesetzgeber und andere gefragt? In der eigenen Umgebung wohnen zu bleiben muss nicht bedeuten, in der angestammten Wohnung zu bleiben. Sind ältere Menschen jedoch bereit, im Alter in neue Wohnverhältnisse umzuziehen? Haben sie überhaupt die Möglichkeit dazu, wenn selbst kleinere Wohnungen deutlich teurer als die langjährige eigene Wohnung sind? Je mehr Alternativen bekannt werden, desto eher lassen sich Menschen motivieren, eine solche grundlegende Veränderung in Angriff zu nehmen. Dafür müssen neue Wohnformen allerdings aktiv entwickelt und gefördert werden. Bislang fehlt Kostenträgern und Anbietern noch der Wille, vom klassischen Schema von ambulant oder stationär abzuweichen.

Dennoch ändern sich derzeit auch im Alter die Wohnformen, wie es generell ein Umdenken darin gibt, wie wir wohnen wollen und sollen. Das hat sowohl etwas mit ökologischen Fragen zu tun als auch damit, dass die Wohnbedürfnisse je nach Lebensphase unterschiedlich sind. Auch die Frage von Wohngrößen und Wohnungszuschnitten sowie der Wohnungstausch werden immer wichtiger, je weniger die Bedürfnisse von Familien oder Älteren auf dem Wohnungsmarkt bedient werden. Die baulichen und technischen Möglichkeiten, in der eigenen Wohnung alt werden zu können, sind vielfältig, stehen aber nicht allen zur Verfügung.

Gebäude sind noch nicht flexibel genug, um einer Gesellschaft des langen Lebens gerecht zu werden. Architekten plädieren dafür, sie so zu konstruieren, dass z. B. Einfamilienhäuser später leicht in mehrere Wohnungen umgewandelt werden können. Das allerdings erlauben nicht alle örtlichen Bebauungspläne. Auf dem Land könnten ungenutzte landwirtschaftliche Gebäude gut für neue Hausgemeinschaften im Alter umgenutzt werden. Doch auch hier gibt es rechtliche Hürden.

Grundsätzlich gibt es neben den Alternativen »eigene Wohnung« oder »Pflegeheim« eine Vielzahl von Varianten, wie man im Alter wohnen kann (Höpflinger, 2018). Zu ihnen gehören vor allem Wohn-

oder Hausgemeinschaften, Pflegegruppen, ambulant betreute Wohngruppen, oder betreutes Wohnen. In solchen Wohnformen können Jung und Alt zusammenkommen, oder es schließen sich in erster Linie Ältere zusammen. Nach wie vor sind solche alternativen Wohnformen eher die Ausnahme als die Regel in Deutschland.

Was sind die Besonderheiten dieser alternativen Wohnformen? Die Senioren-WG, in der alle zusammen in einer großen Wohnung mit eigenem Zimmer wohnen, ist eher selten. Meist geht es um Hausgemeinschaften, deren Planung und Umsetzung allerdings fünf oder sogar zehn Jahre Vorlauf benötigen. Dafür müssen sich Menschen zusammenfinden, gemeinsam planen, ein Grundstück oder ein Gebäude finden. Sie müssen auch eine Rechtsform festlegen, wie zum Beispiel eine Genossenschaft. Dabei stellen sich nicht nur finanzielle Fragen und wer wie viel Kosten tragen kann. In Kommunen können sich solche Projekte häufig nicht gegen andere, finanzstarke Investorenmodelle durchsetzen. Nur wenn die politisch Verantwortlichen besondere Kriterien bei Vergabeverfahren für Grundstücke anlegen, also bewusst gemeinschaftliches Wohnen unterstützen, lassen sich solche Projekte verwirklichen.

Die selbstorganisierten, gemeinschaftlichen Wohnprojekte kommen nur zustande, wenn Menschen sich schon zu einem früheren Zeitpunkt Gedanken darüber machen, wie sie im Alter wohnen wollen. Dem steht aber die Macht der Gewohnheit entgegen: Solange es uns gesundheitlich gut geht, denken wir ungerne über mögliche Einschränkungen nach. Wenn sich neue Wohnformen im Alter stärker entwickeln sollen, muss es mehr Aufmerksamkeit und Sensibilität dafür geben, sich früh damit zu beschäftigen.

In einer Gesellschaft des langen Lebens verändern sich auch die Generationenbeziehungen. Siedlungen verändern ihren Charakter, wenn Kinder erwachsen werden. Familienmitglieder wohnen weiter auseinander, kinderlose Ältere sind auf andere Unterstützung angewiesen. Wohnen kann Generationen trennen, aber auch zusammenführen. Das kann schon relativ niedrigschwellig funktionieren, wie das nächste Beispiel zeigt.

Wohnen für Hilfe plus

Studierende suchen preisgünstigen Wohnraum, finden ihn aber häufig nicht. Ältere haben Zimmer zur Verfügung, weil ihr Haus oder ihre Wohnung zu groß geworden ist. Schon länger gibt es Ideen und Ansätze, aus dieser Situation eine generationenverbindende Partnerschaft zu bilden. In Braunschweig haben sich das Studentenwerk OstNiedersachsen, das Seniorenbüro sowie ein ambulanter Betreuungsdienst zusammengetan. Sie bringen Studierende und Ältere zusammen, die beide von der Vermittlung profitieren: Die Studierenden verpflichten sich, ihre Wohnungspartner im Alltag mit kleineren Hilfen zu unterstützen. Sie müssen dafür im Gegenzug weniger Miete zahlen, nach dem Prinzip: pro Stunde Hilfe im Monat ein Quadratmeter weniger Miete.

Weiterführende Infos: www.soziallotse-braunschweig.de

Solche Projekte gibt es in vielen Universitätsstädten. Wie erfolgreich sie sind, lässt sich bislang nicht sagen, aber sie sind ein wichtiger Ansatz. Andererseits profitieren davon eben nur Ältere in bestimmten Regionen, und es sind in der Regel auch keine einkommensschwachen Haushalte, die ihre Zimmer oder Wohnungen zur Verfügung stellen.

Es gibt weitergehende Konzepte, Generationen miteinander zu verbinden, meist in gemeinschaftlichen Wohnprojekten. Grundlage dafür ist in der Regel ein Verein, in dem sich Jüngere, Familien und Ältere gemeinsam organisieren. Sie definieren ihre Ziele und Wünsche und wie sie diese baulich umsetzen möchten. Benötigt werden dazu ein passendes Objekt und meist auch Investoren oder Planer, mit denen das Projekt realisiert werden kann.

Unter den Linden: Mehrgenerationen-Wohnen in Biberach

In einer gemeinschaftlichen, barrierefreien Wohnanlage leben rund 100 Menschen in Miet- und Eigentumswohnungen, fünf Minuten entfernt vom Zentrum der schwäbischen Stadt. Im Gebäude

gibt es eine Cafeteria, eine Nachbarschaftshilfe sowie eine Kinderkrippe. Ein Bewohnerverein kümmert sich um die Belange aller Haushalte und hat auch ein Bewohnerbüro eingerichtet. Auf freiwilliger Basis unterstützen sich die Haushalte gegenseitig mit Hilfen in sozialen, hauswirtschaftlichen oder technischen Fragen. Die Cafeteria ist der zentrale Gemeinschaftsraum für alle.
Weiterführende Infos: https://mehr-generationen-wohnen.de

Wenn solche Modelle verwirklicht werden sollen, müssen sich Menschen in der Regel in einem Verein zusammentun. Generationenverbindendes Wohnen ist kein Selbstläufer, denn trotz ähnlicher Ziele sind die Interessen und Bedürfnisse der Haushalte unterschiedlich und können manche Erwartungen enttäuscht werden.

Nicht zu verwechseln mit Projekten des Mehrgenerationenwohnens sind die sog. »Mehrgenerationenhäuser«, für die es auch ein eigenes Förderprogramm in Deutschland gibt. Das Konzept der Mehrgenerationenhäuser zeigt, dass es nicht nur um die eigene Wohnung geht, sondern auch um das Wohnumfeld. Denn hier wohnen Jung und Alt nicht unter einem Dach, obwohl der Name das nahe legt. Stattdessen sind diese Häuser Begegnungsorte, an denen gemeinsam gegessen wird, Kurse für Kinder und Ältere angeboten werden oder gemeinsame Aktivitäten stattfinden.

Wohlfahrtsverbände und andere soziale Träger setzen ebenfalls stärker auf generationenverbindende Projekte bei ihren eigenen Angeboten. So entstehen häufiger Modelle, bei denen Pflegeheime, inklusive Kindertageseinrichtungen sowie weitere Dienste zusammen in einem Gebäudekomplex geplant werden. Solche neuen Nutzungskonzepte verändern die Orte des Alterns, denn sie sollen sich stärker öffnen für andere. Das ist keine einfache Aufgabe, und es birgt auch Konfliktpotenzial, wie integrative Projekte aus Jugend- und Senioreneinrichtungen zeigen (Lechtenfeld & Olbermann, 2016). Denn der Tagesrhythmus und die Bereitschaft, gemeinsame Anliegen zu gestalten, variieren sehr stark. Solche Projekte erfordern daher nicht nur eine sorgfältige, partizipative Planung. Sie müssen auch belastbare Konfliktregelungen treffen.

Alternative Wohnformen haben eine soziale Dimension: Gemeinschaft und Hilfe müssen organisiert sein, notwendig sind auch Service, Begleitung oder Betreuung, sei es professionell oder auf ehrenamtlicher Basis. Das Kuratorium Deutsche Altershilfe gehört zu den Pionieren, die schon seit langem andere Formen des Wohnens fordern und dafür auch Vorschläge unterbreiten (Kremer-Preiß, 2009).

Alternative Wohnformen sind allerdings bislang rar und verlangen häufig einen zusätzlichen Eigenanteil, den nicht alle aufbringen können. Außerdem müssen sich Menschen meist aktiv darüber informieren und frühzeitig engagiert vorgehen. Daher kommen bislang vor allem gut situierte Ältere in den Genuss solcher Alternativen. In Zukunft werden digitale Technologien das Wohnen im Alter verändern, ebenso wie unsere Mobilität (Oswald & Wahl, 2016). Wir werden aber nicht nur in der virtuellen Welt unterwegs sein, sondern uns auch in der echten Welt mit Hilfe digitaler Technologien bewegen.

2.5 Smart Home: Wie Digitalisierung das Leben und Wohnen im Alter verändert

Aus Sicht der Alternsforschung spielt nicht die Technologie als solche die entscheidende Rolle, sondern die Art, wie und von wem sie für welche Zwecke verwendet wird. Digitalisierung ist eine Transformation der Gesellschaft, weil sie Beziehungen und Kommunikation grundlegend verändert. Und sie verändert unser Zuhause. Aber wie und wodurch?

Schon seit Beginn des 21. Jahrhunderts sprechen Experten über das sog. Smart Home oder Ambient Assisted Living als Fortschritt für die alternde Gesellschaft (Meyer, 2018). Damit sind Technologien gemeint, die Komfort, Sicherheit und Kommunikation zuhause verbessern. Das sind zum Beispiel sensorgestützte Lichtanlagen, Herdabschaltungen, Energiesteuerungen oder Notrufsysteme. Auch herabfahrende Schränke oder andere verbaute Hilfsmittel zählen dazu, ebenso wie intelligente Systeme, die Stürze vermeiden helfen. Die flächendeckende Versorgung mit solchen Technologien im Wohnbereich und in Pflegeeinrichtungen ist bislang an zwei Dingen gescheitert: an einem fehlenden universellen Standard für die Verbindung der Technologien und an den Kosten. Dass ältere Menschen diese Technologien nicht häufiger oder nicht so gerne nutzen, hängt auch damit zusammen, dass sie nicht gut zu ihrem Alltag passen und Altersbilder in der Entwicklung ignoriert werden (Wanka & Gallistl, 2021).

Was macht diese Technologien für Ältere dennoch interessant? Die Akzeptanz steigt, wenn Menschen davon ausgehen, dass sie dadurch länger selbstständig zuhause wohnen bleiben können (Bundesministerium für Familie, Senioren, Frauen und Jugend, 2020). Ebenso muss sichergestellt sein, dass kaputte Technik schnell repariert wird und Ältere Ansprechpartner für den Service haben. Problematisch sind die offenen Sicherheitsflanken, die Hacker zu Angriffen einladen. Dann können aus Sicherheitstechnologien eher Fallen werden, was gerade Ältere fürchten.

Neben fest verbauten und vernetzten Technologien sind mobile Roboter im Einsatz, die Menschen in ihrer Wohnung oder Einrichtung unterstützen. Dabei muss man unterscheiden zwischen Robotern, die bei konkreten Tätigkeiten helfen sowie Robotern, die eher sozialemotionale Wirkungen haben. Die Auswirkungen ihres Einsatzes auf Wohlbefinden und Gesundheit sind allerdings empirisch bislang nur wenig beleuchtet (Strünck et al., 2022).

Altengerechte Musterwohnung Hannover

Im Jahr 2017 haben auf Initiative eines Wohnungsunternehmens sowie der Stadt Hannover zahlreiche Partner eine 34 Quadratmeter große Musterwohnung eingerichtet. Dort kann man über 70 verschiedene technische und bauliche Maßnahmen erleben und testen. Dazu gehören Lichtleisten auf dem Weg ins Badezimmer, Herdabschaltungen oder die unterfahrbare Küche. Besucher erleben verschiedene Szenarien, in denen es um digitale Kommunikation, Sicherheit oder auch Gesundheit geht. Wer sich beraten lassen möchte, auch zur Finanzierung, erhält dort weitere Informationen.

Weiterführende Infos: www.seniorenberatung-hannover.de/media/360grad-gundlach

Digitale Technologien können helfen, die Bedürfnisse speziell älterer Menschen noch besser zu erfüllen. Ob selbstständiges Wohnen im Alter dadurch effektiv unterstützt wird, muss die Forschung erst noch belastbar zeigen. Auch die Verantwortlichen des Achten Altenberichts der Bundesregierung heben hervor, dass digitale Technologien alleine dies ohnehin nicht leisten können. Nur in Verbindung mit baulichen und weiteren Maßnahmen entstehen Wohneinheiten, die selbstständiges Leben ermöglichen (Bundesministerium für Familie, Senioren, Frauen und Jugend, 2020).

Aber der Blick auf Smart Home-Technologien ist ohnehin zu eng. Gerade, wenn der soziale Nahraum im Alter wichtiger wird, spielen Konzepte wie »Smart City« oder »Smart Country« eine größere Rolle, weil es auch um das Wohnumfeld geht. Damit sind nicht nur intelligente Verkehrsleitsysteme, eine digitale Verwaltung oder ein flächendeckendes W-Lan gemeint. Smart City bedeutet, mit Hilfe technischer, wirtschaftlicher und sozialer Innovationen eine nachhaltige, vernetzte und inklusive Umgebung zu schaffen. Digitale Technologien spielen dabei eine wichtige Rolle, um Sozialräume lebendiger und attraktiver zu machen.

Insbesondere digitale Nachbarschaftsportale versprechen, Älteren mehr Kontakte und Unterstützung zu bieten (Heinze et al., 2019). Allerdings gibt es zwei sich widersprechende Anforderungen. Zum einen können solche digitalen Marktplätze nur dann sinnvoll funktionieren, wenn sie wirtschaftlich reizvoll sind. Dann können Unternehmen sie dauerhaft betreiben und Inhalte aktuell halten, weil es sich wirtschaftlich lohnt. Ansonsten ergeben sich nur Insel-Lösungen, die schnell wieder eingehen. Zum anderen allerdings entstehen attraktive digitale Sozialräume vor allem dann, wenn sie von Bürgern vor Ort mitgestaltet werden. Dies wiederum erschwert eine wirtschaftliche Skalierung solcher Anwendungen.

Letztlich ist es wie mit der analogen Gemeinschaft: Sie ist nur dann lebendig, wenn wir sie nicht als reinen Service begreifen. Einen solchen Ansatz verfolgen Forschungsprojekte, die mit Älteren digitale Quartiersplattformen konstruieren (Heite & Rüßler, 2018). Mit Hilfe von Fokusgruppen, freiwilligen Technik-Botschaftern und verschiedenen Formaten der Zusammenarbeit mit Verwaltung und Unternehmen entstehen bedarfsgerechte Quartiersplattformen, mit denen sich die Beteiligten identifizieren können. In anderen Projekten werden Quartiersplattformen gezielt mit Angeboten für Ältere verbunden, um ein digital-analoges Netzwerk zu installieren.

Allerdings bleiben solche Prozesse meist bei der Entwicklung stehen. Um eine Plattform dauerhaft betreiben zu können, bedarf es eines Geschäftsmodells. Die Kommunen können eine Plattform eigenständig oder gemeinsam mit Unternehmen im Rahmen einer Public-Private-Partnership verantworten oder private Unternehmen allein betreiben die Portale kommerziell. Auch gemeinnützige Vereine können als Träger in Frage kommen.

Living Smart

Aus der Web-Applikation »Animus« ist in einem Forschungsprojekt die Quartiersplattform »Living Smart« aufgebaut worden. Sie soll eine Art des vernetzten Wohnens fördern, indem sie eine lokale Börse für Hilfen und Dienste unmittelbar mit dem Immobilien-Service verbindet. Die Plattform besteht aus verschiedenen Modulen: für sozialen Austausch, für Dienstleistungen, für Fragen an das Quartiersmanagement und die freiwilligen Kümmerer sowie für eigene Ideen und Rückmeldungen. Zum Entwicklerteam gehörten neben dem Unternehmen auch gemeinnützige Organisationen wie die Johanniter, eine Universität und ein Mitarbeiter-Service, der u. a. die Vermittlung von Betreuung und Pflege anbietet. Die Plattform wird vor allem Immobilien-Unternehmen angeboten, soll aber auch weitere kommerzielle Dienstleister vor Ort einbinden.

Weiterführende Infos: https://livingsmart-projekt.de/

Es gibt bereits einige Firmen und Initiativen, die sich mit funktionierenden Plattformen hauptsächlich in Großstädten etabliert haben, wie »nebenan.de«, »nachbarschaft.net« oder »Tante Inge«. Allerdings sind Akzeptanz, Nutzung und Wirtschaftlichkeit dieser Angebote bislang begrenzt. Ergänzt werden Quartiersplattformen häufig durch konkrete Gemeinschaftsorte wie Repair-Cafes.

Plattformen sollen in Zukunft dazu beitragen, lokale Gemeinschaften zusätzlich digital zu vernetzen, was z. B. bei persönlichen Einschränkungen besonders wichtig wird. Doch unser Zuhause ist auch ohne *smart home* oder Plattformen längst vernetzt, und zwar durch uns selbst. Dabei spielen Smartphones und Wearables wie digitale Armbanduhren, Brillen oder Mini-Sensoren an Haut und Kleidung – die entscheidende Rolle. Diese mobilen Geräte verbinden uns als Person mit anderen Personen und unserer Umgebung, auch mit unserer Wohnung.

Bereits die jetzige Generation älterer Menschen kennt das Smartphone als wichtigen Alltagsbegleiter. Es wird in Zukunft für Ältere mindestens so wichtig sein, wie es für den Lebensstil Jüngerer schon seit langem ist. Das Smartphone ist eine Schnittstelle zu vielem, was auch das Älterwerden ausmacht: zu Freunden und Familie, zu eigenen Erlebnissen, zur Einkaufswelt, zu Informationen. Es ist eine Schaltzentrale für Kommunikation und Kontakte. Vor allem aber erheben und transportieren Smartphones dauernd digitale Daten. Programme in der Cloud speichern und verarbeiten diese Daten mit Hilfe künstlicher Intelligenz. Algorithmen sollen uns helfen, den Alltag besser und leichter zu bewältigen.

Damit sind allerdings auch Risiken verbunden, weswegen Ältere häufig davor zurückschrecken, per Smartphone oder Internet aktiver zu sein. Ein nutzerfreundlicher, verständlicher Datenschutz ist wichtig, um diese Technologien noch sinnvoller im Alter nutzen zu können. Ebenso wichtig ist es, sich mit dem ambivalenten Thema der Überwachung auseinanderzusetzen: Sollen meine Angehörige oder Freunde wissen, wo ich bin? Ist ein lückenloses Monitoring meiner Gesundheitsdaten wünschenswert und hilfreich? Kann ich mitentscheiden, wohin meine Daten fließen?

Bisherige Befragungen legen nahe, dass Ältere sehr vorsichtig dabei sind, Smartphones für eine stärkere Vernetzung einzusetzen (Initiative D21 e. V., 2022). Umso wichtiger ist es, digitale Technologien gemeinsam zu gestalten: mit Angehörigen, sozialen Diensten und Wohnungsunternehmen. Denn eine intelligente Vernetzung kann gerade das Älterwerden positiv unterstützen.

Smartphones und andere tragbare Endgeräte sind keine ortlosen virtuellen Technologien. Denn sie sind immer dort, wo wir sind. Daher gehören auch sie zu den Orten des Alterns, auch sie prägen und verändern unser Zuhause. In der Altersforschung wächst die Aufmerksamkeit für solche Technologien immer stärker (Kricheldorff et al., 2022). Die Diskussion um Orte des Alterns – *aging in place* – lässt sich nicht abtrennen von den virtuellen Welten, die das Älterwerden zunehmend prägen. Im hohen Alter könnten virtuelle Welten sogar in Zukunft der zentrale Bezugspunkt sein, wenn die eigene Mobilität deutlich eingeschränkt ist.

Wie sinnvoll unser Zuhause digital vernetzt sein wird, hat etwas mit den Altersbildern zu tun, die in den Köpfen meist junger Entwickler stecken. Entwickler unterstellen besondere Bedürfnisse im Alter wie Sicherheit oder Zuwendung. Sie konstruieren Technologien, die vermutete oder tatsächliche Einschränkungen im Alter kompensieren sollen. Damit stützen sie ein Defizit-Bild des Alters und betrachten Ältere vor allem als verletzliche Gruppe.

Dabei geht es in einer Gesellschaft des langen Lebens vor allem um Alltagstechnologien, die auch Ältere nutzen. Und es geht um die große und wachsende Gruppe der aktiven Alten, die solche Technologien nutzen wollen, um selbstständig zu bleiben und selbstbestimmt zu leben. Ältere setzen vorhandene Technologien nicht einfach ein, sie verändern ihre Funktion und Zwecke, indem sie mit ihnen auf ihre eigene Art umgehen. Außerdem erleben sie das Älterwerden durch den Einsatz der Technologien anders (Peine & Neven, 2019).

Andererseits schließen technikgetriebene Konzepte wie »Smart City« häufig diejenigen aus, die keinen Zugang oder Vorbehalte gegenüber digitaler Technik haben. Wenn das Leben auf dem Land und in Städten vielfältiger wird, wenn soziale Ungleichheit auch im Alter besteht, haben Technologien auch soziale Funktionen. Das zu entdecken und umzusetzen, erfordert kommunales und zivilgesellschaftliches Engagement. Denn die Digitalisierung ist keine Technologie, sondern ein transformativer Prozess, der von vielen beeinflusst und gestaltet wird.

Die Ansprüche an das Wohnen im Alter, an Wohnformen, an vernetzte Technologien verändern sich, ebenso wie die Möglichkeiten, zuhause wohnen bleiben zu können. Was aber, wenn Menschen pflegebedürftig werden?

2.6 Am Leben teilhaben: Pflege als Teil des Wohnens

Die meisten Menschen in Deutschland werden zuhause gepflegt: 84 Prozent wurden Ende 2021 zuhause gepflegt, über die Hälfte von ihnen hauptsächlich durch Angehörige. Die Zahl derjenigen, die in Heimen versorgt werden, geht weiter zurück.

Pflegeheime als stationäre Einrichtungen passen häufig nicht zu unseren Vorstellungen vom »Wohnen«, denn das ist ja auch eine private und persönliche Angelegenheit. Wenn sich Menschen ein Zimmer teilen, wenn Essenszeiten vorgegeben sind, stehen die per-

Pflegebedürftige nach Versorgungsart 2021

in %, insgesamt 5,0 Millionen

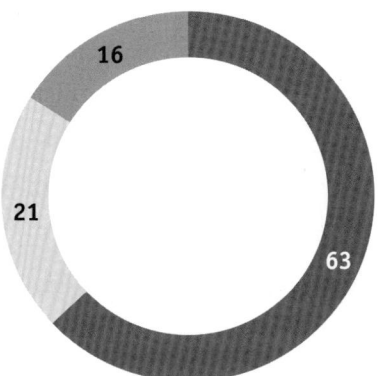

■ Pflegebedürftige zu Hause versorgt (überwiegend durch Angehörige)

▨ Pflegebedürftige zu Hause versorgt (ambulante Pflege-/Betreuungsdienste)

■ Pflegebedürftige vollstationär in Heimen

Rundungsbedingte Abweichung möglich.

Abb. 2.3: Pflegebedürftigkeit nach Versorgungsart, 2021 (Quelle: Statistisches Bundesamt, 2023)

sönlichen Bedürfnisse zurück. Vieles hat sich auch in Deutschland inzwischen geändert. Der Anspruch auf ein Einzelzimmer ist inzwischen gesetzlich geregelt, muss aber noch flächendeckend umgesetzt werden. Die Konzepte für stationäre Pflegeeinrichtungen sind ebenfalls vielfältig. Dennoch versuchen viele Kommunen, stärker auf ambulante Modelle und wohnortnahe Hilfen zu setzen. Das steht im Einklang mit den Bedürfnissen der Betroffenen und mit wissenschaftlichen Erkenntnissen.

Pflegeheime als Auslaufmodell? Die Vielfalt neuer Pflegemodelle

Der Begriff des Pflegeheims hat in Deutschland keinen guten Ruf. Viele Menschen befällt ein schlechtes Gewissen, wenn sie daran denken, ihren Angehörigen ein Pflegeheim als neues Zuhause vorzuschlagen, als ob sie beabsichtigten, diese damit »abzuschieben«. Heime erscheinen als »Sondereinrichtung«, als Ersatz für Familie, in der das Wahl- und Hausrecht eingeschränkt sind und kaum Privatsphäre möglich ist. Außerdem sind die Kosten für die stationäre Pflege sehr hoch. Die Pflegebeauftragte der Bundesregierung, Claudia Moll, sieht daher in der klassischen stationären Pflege keine Zukunft. Doch Alternativen zum Heim haben ihre Tücken. So müssen Pflegewohngemeinschaften z.B. die gleichen hohen Sicherheitsstandards wie Pflegeheime erfüllen, was sie teuer macht. Auch fehlen häufig die geeigneten Investoren und Träger, vor allem in ländlichen Regionen. Dennoch zeigen gerade die Konzepte des Kuratoriums Deutsche Altershilfe (KDA), wie Prävention und Pflege innovativ mit neuen Wohnkonzepten zum Wohnen 6.0 verbunden werden könnten (Kremer-Preiß, 2021). Länder wie Dänemark haben diesen Weg bereits beschritten und fördern nur noch kleinräumige Strukturen. In Deutschland fordern Pflegeexperten, die Grenzen zwischen ambulanter und stationärer Pflege aufzulösen. Das würde bedeuten, dass sowohl in Heimen als auch in privaten oder öffentlichen Wohngemeinschaften die gleichen Leistungen gebucht und ehrenamtliches Engagement mit einbezogen werden könnte (Rothgang et al., 2020).

Wie können Wohnen und Pflege besser miteinander vereinbart werden? Bereits jetzt gibt es sehr viele Möglichkeiten, neue Formen zwischen stationärer und ambulanter Pflege auszuprobieren (Kremer-Preiß, 2021). Dazu gehören u.a.:

- Stationäre Hausgemeinschaften
- Verbundmodelle aus betreutem Wohnen und weiteren Hilfsangeboten
- »Stambulante« Wohnformen zwischen stationärem und ambulantem Sektor
- Quartiershäuser in Verbindung mit Angeboten für andere Gruppen
- Ambulant betreute Pflegewohngemeinschaften

Bei ambulant betreuten Wohngemeinschaften übernimmt in der Regel ein Träger die Planung und Organisation und richtet die Wohngruppe altersgerecht ein. Jeder hat seine Privatsphäre, doch gibt es in der Regel gemeinschaftliche Küchen und Wohnräume. Es existiert auch hier eine Art von Hausgemeinschaft, um die sich die Mitglieder mit Pflegebedarf selbst kümmern. So gibt es eine gemeinsame Haushaltskasse für Lebensmittel, Haushaltsgeräte, Möbel oder Reparaturen. Neben regulär finanzierten Pflegeleistungen können die Mitglieder zusätzlich einen Wohngruppenzuschlag über die Pflegekassen beantragen. Solche neuen Formen zwischen Heim und Häuslichkeit können die Lebensqualität der Menschen erhöhen (Stiefler et al., 2022). Sie sind allerdings noch immer die Ausnahme.

Aus Sicht des Kuratoriums Deutsche Altershilfe bietet ein Konzept wie »Wohnen 6.0« die Chance, persönliche Bedürfnisse und Beteiligung mit professioneller Pflege und freiwilligem Engagement zu verbinden (Kremer-Preiß, 2021). Damit verbunden ist die Erwartung, dass pflegebedürftige Menschen im doppelten Sinne am sozialen Leben teilhaben: Sie können *teilnehmen* und *mitgestalten*. Mitverantwortung und Mitgestaltung sind die Leitbilder sorgender Gemeinschaften, wie sie auch der Siebte Altenbericht diskutiert. Sorgende Gemeinschaften sprengen nicht nur die Grenzen zwischen ambulant und stationär, sondern auch zwischen Zielgruppen, bis hin zu inklusiven, gemischten Wohnmodellen.

Die inklusive Wohngemeinschaft: Nicht nur für Ältere
Ein Kölner Verein hat sich zum Ziel gesetzt, Menschen ein persönliches Wohnen in Gemeinschaft zu ermöglichen, über das sie mitbestimmen. In der inklusiven Wohngemeinschaft leben Menschen mit Behinderung, ältere Pflegebedürftige und Studierende zusammen. Es gibt eigene Wohnungen und Gemeinschaftsräume, professionelle Pflegeleistungen, Assistenzen und andere Leistungen. Studierende verringern ihre Mietkosten, indem sie anderen im Alltag im Haus und außerhalb des Hauses helfen. Es gibt außerdem regelmäßige Aktionen für und mit der Nachbarschaft.
Weiterführende Infos: https://inklusiv-wohnen-koeln.de/

Neue Wohnkonzepte gibt es auch speziell für Demenzerkrankte, in denen sie ihre besonderen Bedürfnisse besser erfüllen können. Ein besonderes, allerdings auch besonders umstrittenes Projekt sind die »Demenzdörfer« in den Niederlanden. Ob es sinnvoll ist, wenn Demenzerkrankte in einer eigenen, künstlichen Welt leben, oder ob sie nicht in ihrem eigenen Sozialraum unterstützt werden sollten, ist auch in der Wissenschaft eine kontrovers diskutierte Frage.

Demenzdorf de Hogeweyk in den Niederlanden
In den Niederlanden entstand bereits 1995 ein eigenes Dorf nur für demenzerkrankte Menschen. Hier leben die Menschen nach ihren Regeln und Bedürfnissen. Im Dorf gibt es alles, was man braucht: einen Supermarkt, ein Café, einen Friseursalon, eine Praxis und jede Menge Freizeitmöglichkeiten. Eines ist allerdings anders: Es gibt einen zentralen Eingang und abends werden die Wohnungstüren abgeschlossen. Wenn Menschen in das Dorf ziehen wollen, müssen sie und ihre Angehörigen viele Fragen beantworten. Denn die Umgebung soll sich ihren Erfahrungen und Bedürfnissen anpassen, nicht umgekehrt. Im Dorf leben rund 150 Menschen, es gibt 250 hauptamtliche und 130 freiwillige Helfer. Die Leistungen werden komplett von der staatlichen Pflegeversicherung bezahlt.

Der niederländische Staat gibt für die Altenpflege mehr als drei Mal so viel Geld aus wie Deutschland.
Weiterführende Infos: https://hogeweyk.dementiavillage.com/

Abb. 2.4: Vorbild Niederlande: das Demenzdorf de Hogeweyk (© Vivium Caregroep | The Hogeweyk)

Trotz der Diskussion um kleinräumige Wohngemeinschaften gibt es weiterhin in vielen Ländern größere stationäre Pflegeeinrichtungen. Auch sie können stärker mit den Stadtteilen verbunden sein und die Teilhabe im Quartier ermöglichen. Dafür sind nicht nur andere Nutzungskonzepte notwendig, sondern auch Veränderungen in der Pflege selbst.

Auch in Pflegeheimen geht es daher um bessere Wohn- und Lebensqualität. Bislang müssen sich die Bedürfnisse der Bewohner meist den Arbeits- und Organisationsprozessen anpassen und nicht umgekehrt. Typisch waren lange Zeit die standardisierten Zeiten, zu denen Bewohner geweckt wurden oder auf ihre Zimmer gehen mussten. Es ist für Träger eine Herausforderung, hier mehr Wahlfreiheit und Individualität zuzulassen. Ebenso in Heimen muss jedoch ein selbstbestimmtes Leben gefördert werden.

Pflegeheime können krankenhausähnliche Versorgungseinrichtungen sein, sie können ebenfalls einladende, bunte und lebensfrohe Orte des Lebens und Zusammenlebens sein, in denen Menschen gerne wohnen wollen. Vorreiter für innovative architektonische Konzepte sind vor allem die Niederlande oder skandinavische Länder. Im dicht besiedelten Dänemark werden seit 1987 keine klassischen Altenheime mehr gebaut. Im Grunde lösen gemeinschaftliche Wohnformen mit pflegerischer Unterstützung dort das Altenheim ab.

Es gibt große architektonische und bauliche Unterschiede, wie Alten- und Pflegeheime gestaltet sein können. Innenräume können wie ein Erlebnisweg gestaltet sein, sie können verschiedene Gemeinschaftszonen bieten, hell und offen wirken. Es geht zudem um den Außenbereich, und hier nicht nur um Grünanlagen. Wie sich ein Gebäude in die Umgebung fügt, beeinflusst, ob sich die Bewohner im Viertel zuhause fühlen und ob die Bürger das Heim als einen aktiven Ort ihres Stadtteils sehen und erleben.

Modernes Seniorenheim in Blancafort, Spanien

Ein Seniorenheim mit Tagespflege im kleinen Ort Blancafort in Spanien wurde architektonisch außergewöhnlich gestaltet. Auf einem schräg ansteigenden Platz sitzt ein Quader mit einem riesigen Fenster zum Platz. Auf dem vorgelagerten Sockel befindet sich eine Terrasse. Wenn sich die Bewohner dort zusammensetzen, haben sie das Dorfleben auf dem Platz direkt vor sich. Ist ihnen der Trubel zu viel, können sich die Bewohner in die Mitte des dreieckigen Gebäudes zurückziehen, wo Olivenbäume in einem ruhigen Innenhof stehen, der die maurische Architektur in Andalusien widerspiegelt. Lebendigkeit, Ruhe und Privatsphäre finden ihren Platz in diesem hochmodernen, kommunikativen Gebäude.

Weiterführende Infos: https://blog.dormakaba.com/de/die se-5-seniorenheime-machen-architektonische-stereotypen-zu nichte/

Abb. 2.5: Wie eine architektonische Gestaltung gelingen kann: Seniorenheim in Blancafort, Spanien (© Guillem Carrera)

Weitergehende Konzepte für moderne Pflegeheime sehen vor, dass Generationen und Zielgruppen zusammenleben, z.B. inklusive Kitas zusammen mit Pflege- und Betreuungseinrichtungen. Kommunen können Rahmenbedingungen schaffen, damit solche lebenswerten Modelle entstehen. Wo und wie erfahren Menschen, welche Möglichkeiten es gibt? Am Beispiel der Pflege zeigt sich, wie wichtig bedarfsgerechte Beratung vor Ort ist, die weit über Fragen der Pflege hinaus geht.

2.7 Wer kann mir vor Ort helfen? Beratung und Information

Für eine bessere Beratung von Pflegebedürftigen und ihren Angehörigen wurden 2008 neue lokale Anlaufstellen geschaffen, unter dem eher hässlichen Namen »Pflegestützpunkte«. Angesichts der großen Bedeutung von Ansprache und Kommunikation ist es schon verwunderlich, dass ein so wenig ansprechender und auch irreführender der Begriff in die Welt gesetzt wurde. Denn an den Stützpunkten findet ja keine Pflege statt, obwohl man das annehmen müsste. Doch der Name ist nicht das einzige Problem.

Pflegestützpunkte werden von den Pflegekassen eingerichtet. Das hat zwar eine gewisse Logik, da die Pflegekassen auch die Pflegeleistungen der Pflegeversicherung bezahlen. Aber bis auf die Allgemeinen Ortskrankenkassen haben Pflegekassen ähnlich wie Krankenkassen keine starke lokale Verankerung mehr. Entsprechend lückenhaft ist auch die Struktur von Pflegestützpunkten quer durch die Republik.

Zwar wurde den existierenden Pflegestützpunkten in einer größeren Studie eine wichtige Funktion attestiert (Kirchen-Peters et al., 2016). Doch inzwischen hat auch der Gesetzgeber erkannt, dass die Kommunen im Gegensatz zu den Pflegekassen die Infrastruktur vor Ort wesentlich besser kennen und daher umfassender und bedarfsgerechter beraten können. Aus diesem Grund gab es mit dem Dritten Pflegestärkungsgesetz ab dem Jahr 2017 die Option, in bis zu 60 Modellkommunen die Pflegeberatung aus einer Hand zu erbringen. Dafür müssen Kommunen mit den Landesverbänden der Pflegekassen vertragliche Vereinbarungen schließen. Die Projekte sind außerdem zunächst auf fünf Jahre befristet. Kommunen können auch selbst neue Pflegestützpunkte einrichten. In ländlichen Regionen sind auch mobile Beratungsangebote gefragt.

Auch die Selbsthilfe erfüllt wichtige Funktionen in der Beratung. Selbsthilfegruppen sind nicht nur ein geschlossener Kreis von Betroffenen, die sich über ihre Erfahrungen austauschen und gegenseitig unterstützen. Sie richten sich ebenfalls an hilfesuchende Angehörige, die eine Anlaufstelle suchen. Die Pflegekassen finanzieren zur Hälfte den Aufbau von Selbsthilfegruppen, wenn Land oder Kommunen die andere Hälfte übernehmen. Selbsthilfestrukturen sind in Städten meist relativ gut ausgebaut, während es in ländlichen Regionen große Lücken gibt. Allerdings wird inzwischen auch mit online-Angeboten von Selbsthilfegruppen Selbsthilfe experimentiert. Sie bietet gerade Menschen auf dem Land eine Alternative, auch wenn sie Vertrauensbeziehungen vor Ort nur ergänzen kann. Außerdem sind nicht alle in der Lage und willens, digital über persönliche Probleme zu kommunizieren.

Angebote für Pflegebedürftige und pflegende Angehörige sind Teil der sozialen Infrastruktur in den Kommunen. Beratung geht jedoch weit über das Thema Pflege hinaus, denn Alter ist nicht gleichbedeutend mit Pflege. Im Alter suchen Menschen zu ganz unterschiedlichen Themen Informationen und Beratung:

- Zuverdienstmöglichkeiten und Finanzen
- Reiseangebote
- Umgestaltung der eigenen Wohnung
- Gesundheitsförderung und Pflege
- Soziale Kontakte und Austausch
- Alltagshilfen
- Möglichkeiten für Engagement
- Konsumfragen, z.B. bei Energie und Telekommunikation

Traditionell suchen gerade Ältere gerne im Rathaus nach Rat. Kommunen gelten als verantwortlich dafür, Bürgern mit Tat und Rat zur Seite zu stehen. Allerdings fällt es vielen Kommunen schwer, den Überblick über Angebote im Alter zu behalten, zu bündeln und dafür leicht zugängliche Beratung anzubieten.

An vielen Orten, jedoch nicht überall, gibt es Seniorenbüros. Sie können von den Kommunen selbst organisiert und finanziert sein oder in Form gemeinnütziger Vereine. In manchen Bundesländern – wie z.B. in Bayern – stellen die Kommunen sog. »Soziallotsen« ein, die sowohl in der Jugendhilfe als auch in der Altenhilfe alle Beratungsangebote im Blick haben und selbst generationenübergreifend beraten.

Anlaufstelle für alle Älteren: die Seniorenbüros

Entstanden sind Seniorenbüros im Jahr 1992 aus einem Modellprojekt des Bundesfamilienministeriums. Sie sollten ein Signal für den Wandel der kommunalen Altenhilfe sein, die Ältere nicht nur als Bedürftige sieht, sondern als aktive Bürger in Städten und Gemeinden. Seniorenbüros beraten in fast allen Belangen; sie bieten Informationen, Kurse und ehrenamtliche Unterstützung an. Sie sprechen gezielt ältere Menschen an und unterstützen sie, um sie für freiwilliges Engagement in der Kommune zu gewinnen. Sie beraten, begleiten und qualifizieren ältere Ehrenamtliche. Wenn die personellen Kapazitäten dafür ausreichen, stellen Seniorenbüros selbst ehrenamtliche Projekte auf die Beine. Dazu gehören Computertreffs, Bewegungsangebote, Lesepatenschaften oder Besuchsdienste. Seniorenbüros sind nicht in jeder Kommune zu finden: Rund 450 davon gibt es, meist direkt bei der Kommune angesiedelt, manchmal in der Trägerschaft von gemeinnützigen Organisationen oder Vereinen. Eine flächendeckende, gleichmäßige Struktur von Seniorenbüros gibt es nicht, da die Altenhilfestrukturen gesetzlich nicht so klar und verbindlich definiert sind wie etwa in der Kinder- und Jugendhilfe. Entsprechend groß sind die Unterschiede zwischen den Kommunen.

Weiterführende Infos: https://seniorenbueros.org/

Beratung – wenn sie frühzeitig angenommen wird – entfaltet präventive Wirkung. Kommunen können gemeinsam mit anderen Akteuren Strukturen schaffen, die ein längeres Leben in Selbstständigkeit ermöglichen. Jeder kann sich fragen, ob in seiner Stadt und Gemeinde genügend Angebote vorhanden sind, die dafür notwendig wären.

Doch wer geht zur Beratung und wann? Eigentlich müssen Angebote wie z. B. die Wohnberatung sehr frühzeitig wirken. Doch wer denkt schon an Umgestaltung oder Umzug, wenn es noch keine Einschränkungen im Alltag gibt? Wie ich diejenigen erreiche, die Unterstützung brauchen, und wie ich das rechtzeitig schaffe, ist nach wie vor eine große Herausforderung.

Eine Möglichkeit besteht darin, dort für Beratung zu werben, wo es Menschen in ihrem Alltag wahrnehmen: in Einkaufszentren, Fußgängerzonen, in Parks oder auf Parkplätzen. Ebenfalls geeignet sind

Orte wie Arztpraxen, an denen sich sogar diejenigen aufhalten, die ansonsten sehr zurückgezogen leben. Dabei kommt es auf die richtige Kommunikation an: Fühlen sich Menschen überhaupt angesprochen, sehen sie sich als »hilfebedürftig«? Eine wichtige Rolle für die aufsuchende Altenhilfe spielen Schlüsselpersonen wie ehrenamtliche *Stadtteil-Kümmerer*, Straßenbürgermeister oder Quartiersmanager, sowie berufliche Vertrauenspersonen wie Apotheker, Ärzte, Hausmeister, Briefzusteller oder Verkaufspersonal in Bäckereien.

Angebote, die ankommen: Wie wollen ältere Menschen angesprochen werden?

Die Forschungsgesellschaft für Gerontologie e.V. (FfG) hat seit ihrer Gründung vor über 30 Jahren einen Schwerpunkt in kommunaler Seniorenpolitik und Seniorenarbeit. Wie ältere Menschen in der Kommune angesprochen werden, warum bestimmte Gruppen Angebote nicht kennen oder nicht wahrnehmen, ist eine zentrale Frage, die nicht neu ist. Dennoch fehlen empirische Antworten auf diese Frage immer noch weitgehend. In einem großen Forschungsprojekt untersucht die FfG daher, warum bestehende Angebote der Altenhilfe nicht bekannt sind oder nicht genutzt werden. Dazu wird die Darstellung von Angeboten analysiert. Es werden mit aufwändigen Methoden ältere Menschen für Befragungen rekrutiert, die bislang keine Beratungsangebote in Anspruch genommen haben. Daraus werden typische Fälle rekonstruiert, um zu zeigen, warum ältere Menschen trotz Unterstützungsbedarf nicht auf vorhandene Angebote zurückgreifen. Dabei zeigt sich, dass Barrieren nicht nur für Ältere mit Migrationshintergrund bestehen. Ältere Männer scheinen prinzipiell schlechter erreichbar zu sein. Auch sind Verweise und Art der Ansprache in den Kommunen häufig nicht so gestaltet, dass sich die Menschen angesprochen fühlen. Außerdem ist häufig nicht klar, wo ich konkrete Angebote finde, da in erster Linie Stellen mit ihren Zuständigkeiten dargestellt sind. So sehen sich die meisten nicht als hilfebedürftig und denken, die dargestellten Angebote haben nichts mit ihnen zu tun. Auch wollen ältere Menschen anderen Menschen »nicht zur Last fallen« und nehmen daher keine Angebote in Anspruch. Wenn Information und Beratung tatsächlich bei den Menschen ankommen sollen, müssen sich Informationswege und -formate verändern.

Weiterführende Infos: www.ffg.tu-dortmund.de/cms/de/Projek te/Seniorenpolitik_kommunale_Beratung_und_Planung/Angebo te_die_ankommen/index.html

Frühzeitige Beratung und Information sind besonders wichtig, wenn Menschen möglichst selbstständig im Alter bleiben wollen. Denn es gibt zahlreiche Angebote und Dienstleistungen, die ein selbstständiges Leben fördern. Doch sie gehören häufig nicht zum Leistungskatalog der Pflegeversicherung, sondern hängen vom Engagement der Kommunen und anderer Akteure vor Ort ab, ähnlich wie bei den Seniorenbüros.

Eine besonders lebenspraktische Form der Beratung ist die Wohnberatung, für die es in den Bundesländern zum Teil eigene gesetzliche Regelungen gibt. In Nordrhein-Westfalen beispielsweise existieren rund 130 Wohnberatungsstellen, in denen hauptamtlich Angestellte alle Bürger kostenlos beraten. Die Wohnberatung soll die selbstständige Lebensführung im gewohnten Umfeld unterstützen. Denn die ersten Einschränkungen machen sich meist in der eigenen Wohnung bemerkbar. Wer besonders weit im Voraus plant, kann mit Hilfe der Wohnberatung sogar schon frühzeitig Vorsorge treffen, um möglichst lange selbstständig wohnen zu können. Die Mitarbeiter machen auch Hausbesuche, um sich einen Eindruck vom Zuhause zu verschaffen und bedarfsgerecht beraten zu können. Auch der mögliche Einsatz von Technik in der eigenen Wohnung ist Bestandteil der Beratung, ebenso Hinweise auf Zuschüsse aus der Pflegeversicherung oder von Fördermittelgebern.

Die Beratung ist offen und stülpt Bürgern keine vorgefertigten Empfehlungen über. Stattdessen gehen die Berater von der persönlichen Lebenslage, den Bedürfnissen und Ressourcen aus. Sie beraten gegebenenfalls aber auch so, dass ein Umzug in andere Wohnformen bedenkenswert erscheint. Die Wohnberatung zeigt, welche wichtige Rolle eine adressatenorientierte, aufsuchende Beratung spielen kann, um altersfreundliche Umgebungen im Sinne der WHO zu gestalten. Weitere innovative Ansätze sind ehrenamtliche Gesundheitsbegleiter, mobile Beratungsteams oder präventive Hausbesuche. Solche Modelle unterstützen ein breites Verständnis von Prävention, das auf der kommunalen Ebene seine Wirkung entfaltet.

2.8 Gesunde Orte schaffen: Prävention und Versorgung als lokale Aufgaben

Bewegung und Begegnung gelten als Schlüssel für gesundes Altern. Es ist nicht nur eine Frage der eigenen Persönlichkeit und der eigenen Erfahrungen, ob wir im Alter aktiv sind und bleiben, ob wir Kontakte suchen, beweglich bleiben und uns bewegen. Es gibt auch günstige Gelegenheiten dafür. Solche Gelegenheiten können in Städten und Gemeinden an ganz verschiedenen Orten geschaffen werden: im Park, in der Einkaufspassage, an Haltestellen. Auch die Stadtplanung hat daher wichtige Aufgaben im Sinne von »public health«. Kommunen können vor allem zur »Verhältnisprävention« beitragen, indem sie die strukturellen Rahmenbedingungen vor Ort verbessern.

Das seit 2015 existierende Präventionsgesetz hat noch nicht dazu geführt, die Kommunen in dieser Hinsicht weiter zu stärken, weil die Verhältnisprävention im Vergleich zur unmittelbaren Verhaltensprävention im Gesetz zu kurz kommt (Gerlinger, 2021). Dabei bietet die kommunale Lebenswelt viele Möglichkeiten, gesund zu altern, zum Beispiel mit Blick auf Bewegung. Wie sieht eine bewegungsfreundliche Stadt aus, für alle Generationen, und damit ebenfalls für die Älteren? Sich zu bewegen, ist auch eine Frage der Motivation. Es fällt leichter, wenn andere das Gleiche tun und einen mitziehen. Doch die klassischen Sportvereine sind nicht immer der geeignete Ort für Ältere. Es muss auch nicht gleich »Sport« sein, der Begriff schreckt manchmal mehr ab, als er motiviert. Längst sind in kleineren und größeren Städten neue Bewegungen im wahrsten Sinne des Wortes entstanden, so wie in der Hauptstadt Berlin.

Stadtbewegung Berlin
Die Initiative möchte Menschen in der Stadt in Gruppen vernetzen, die sich gerne gemeinsam an der frischen Luft bewegen wollen. Auf einer digitalen Plattform werden Orte und Zeitpunkte veröffentlicht, an denen sich Menschen treffen, um einfache Übungen gemeinsam zu machen. Man kann selbst eine Gruppe starten oder sich durch angeleitete Trainings im Netz motivieren lassen. Damit erreicht die Stadtbewegung die Menschen auch zuhause. Wem es gefällt, sich in der Wohnung vor dem Bildschirm zu bewegen, wird über kurz oder lang auch zu einer Gruppe stoßen, die nach draußen geht. Stadtbewegung Berlin ist Teil des Netzwerks Urbaner Sport. Sportvereine sind nicht unbedingt auf die Bewegungsbedürfnisse Älterer eingestellt, und Bewegung muss auch nicht gleich Sport sein. Bewegungsgruppen, die sich quer in der Stadt treffen und die vorhandenen Flächen nutzen, sind auch für Ältere eine willkommene Gelegenheit, die Bewegung und Begegnung auf einfache Weise zusammenbringt. Die digitalen Möglichkeiten der Vernetzung erleichtern das zusätzlich.
Weiterführende Infos: https://stadtbewegung.de/

Abb. 2.6: Öffentlicher Raum (hier am Beispiel New York, Central Park): Orte des sich Bewegens und Begegnens (Quelle: Foto von Alex Simpson auf Unsplash)

Sich bewegen zu können und sich bewegen zu wollen: Beides gehört zusammen. Beides kann gezielt gefördert werden. In ganz Deutschland haben sich Städte und Gemeinden aufgemacht, mit unterschiedlichen Ansätzen und Angeboten:

- geführte Spaziergänge, bei denen man sich auch unterhalten kann
- Treffs zu Spaziergängen und Bewegungsübungen
- Bewegungsbegleiter für Ältere, um sich beim Gehen sicher zu fühlen
- Präventive Hausbesuche, bei denen Ältere auch zu Spaziergängen ermutigt werden
- Bewegungsparcours in Parks, in denen Geräte für alle stehen und erklärt werden
- mehr Sitzmöbel im öffentlichen Raum, damit auch längere Wegstrecken wenig anstrengend sind

73

Solche konkreten Angebote sind Teil des bundesweiten Programms »Älter werden in Balance«, das die Bundeszentrale für gesundheitliche Aufklärung vor Jahren gestartet hat. Gesundheit und Lebensqualität im Alter bedürfen Bewegung und körperlicher Aktivität, was Seele und Körper stärkt. Kommunen können solche Angebote gemeinsam mit anderen entwickeln und damit die Prävention fördern. Um möglichst viele zu erreichen, sind gerade auch die präventiven Hausbesuche ein interessantes Instrument, mit dem einige Kommunen gute Erfahrungen gesammelt haben.

Ein Besuch zum 80. Geburtstag: das Hamburger Modell
Die Hansestadt Hamburg hat Hausbesuche für Senioren eingeführt, die 80 Jahre alt geworden sind. Mit einem Gratulationsschreiben werden die Besuche angeboten. Wer dem zustimmt, den besuchen freiberufliche Honorarkräfte, die geschult sind und von einer Fachstelle koordiniert werden. Gesprächsthemen sind die Wohnsituation, soziale Kontakte, Ernährung, Mobilität, die eigene Gesundheit sowie möglicher Hilfe- und Pflegebedarf. Die Fachkräfte können auf weitere Beratung und Angebote hinweisen. In einer Studie zeigte sich, dass 35 Prozent der angeschriebenen 80-Jährigen in zwei Stadtteilen das Angebot des Hausbesuchs annahm (Neumann et al., 2021). Diese Quote lag über den Erwartungen von Experten. Bei über der Hälfte aller Besuche waren auch Angehörige anwesend. Wenn jemand das Angebot ablehnte, dann meistens mit dem Hinweis, dass es keinen Bedarf gebe bzw. man gesund sei. Die Verantwortlichen in Hamburg sehen die Hausbesuche als geeignetes Instrument an, um frühzeitig Hilfebedarf zu erkennen, Lebensqualität und Selbstständigkeit zu erhalten und das Risiko der Einsamkeit zu verringern.

Weiterführende Infos: www.hamburg.de/hamburger-hausbesuch

Städte können zur Gesundheit von Menschen beitragen, sie können allerdings auch krank machen. Das hat sowohl mit der Infrastruktur und Gestaltung zu tun als auch immer stärker mit den Folgen des Klimawandels. Eine der gravierendsten Folgen für Ältere und Vorerkrankte ist die starke Hitzeentwicklung im Sommer. Viele Flächen sind in der Stadt versiegelt, an Gebäuden staut sich die Wärme, es gibt zu wenig Schatten und Abkühlung, und öffentliche Trinkbrunnen sind rar. Studien belegen, dass gerade Ältere darunter leiden (ILS, 2019). Zum einen wirkt sich die Hitze negativ auf das Herz-Kreislauf-System aus und kann in extremen Fällen zum Tod führen. Zum anderen hält Hitze die Menschen davon ab, sich zu bewegen, was ebenfalls die Gesundheit gefährdet.

Was können Städte und Gemeinden dagegen tun? In einer großen Studie zu 93 europäischen Großstädten haben Forscher herausgefunden, dass die Zahl der hitzebedingten Todesfälle um 40 Prozent verringert werden könnte, wenn zum Beispiel doppelt so viele Baumkronen die Wege, Plätze und Gebäude beschatten würden (Lungman et al., 2023). Es gibt weitere Lösungen: Einige Flächen müssten wieder entsiegelt und Gebäude großflächig begrünt werden, auf Dächern und an Wänden. Auch die Bepflanzung in Straßen muss wachsen. In Parks und auf öffentlichen Flächen kann mit Schläuchen oder Brumisatoren Wasser verdunsten und die Außentemperaturen runterkühlen. Öffentliche Trinkbrunnen sind ebenfalls eine wichtige Maßnahme.

Andere bekannte Umweltbelastungen wie Feinstaub und weitere Emissionen sind für viele ältere Menschen belastend. Hier können Kommunen durch umweltpolitische Maßnahmen sowie durch Umplanung von Wohnvierteln dafür sorgen, dass Gesundheitsrisiken verringert werden.

Neben der Gesundheits*förderung* ist auch die Gesundheits*versorgung* ein kommunales Thema. Eine gute wohnortnahe Primärversorgung ist ebenfalls wichtig, um rechtzeitig zu erkennen, wodurch Selbstständigkeit im Alltag eingeschränkt wird. Die Versorgung bei Schlaganfällen ist gut, auch andere häufige Probleme wie die Regulierung des Blutdrucks funktionieren gut. Viele ältere Menschen fühlen sich jedoch durch andere Dinge eingeschränkt, die sie gebrechlich und abhängig machen können. Das sind neben der großen

Herausforderung der Demenz auch Muskel-Skelettprobleme, Inkontinenz oder Hautprobleme. Die britische Ärztin Lucy Pollock hat in einem bemerkenswerten Buch über das Älterwerden beschrieben, wie sich die Gesundheitsversorgung vor Ort besser darauf einstellen kann (Pollock, 2022). Ein Bewusstsein für die Lebenslagen im Alter, um Gebrechlichkeit rechtzeitig erkennen zu können, gehört dazu.

Zudem muss es eine funktionierende ambulante Versorgung geben. Hier stehen ländliche Regionen vor besonderen Herausforderungen, weil ihnen Hausärzte und Fachärzte ausgehen. Welche Lösungen gibt es, um die Situation auf dem Land zu verbessern? Mit Landarztquoten, Stipendien und attraktiven Gehältern locken der Gesetzgeber, die Kommunen und die Kassenärztlichen Vereinigungen die Medizinstudierenden, nach ihrem Studium eine Tätigkeit auf dem Land aufzunehmen. Es ist noch unklar, wie erfolgreich diese Programme tatsächlich sind. Nach allen bisherigen Erkenntnissen und dem Urteil vieler Experten werden die ergriffenen Maßnahmen nicht reichen, um die Versorgungslücken für Ältere auf dem Land zu schließen. Die Gründe, warum viele Ärzte lieber in der Stadt als auf dem Land arbeiten, sind unterschiedlich. Städte bieten eine bessere Infrastruktur, einschließlich Schulen. Außerdem sind die Gesundheitseinrichtungen stärker vernetzt, so dass man kein Einzelkämpfer sein muss. Weite Wege und lange Arbeitszeiten auf dem Land sind wiederum unattraktiv, wenn Familie und Beruf zusammenpassen sollen.

Kommunale Medizinische Versorgungszentren: Lösung für ländliche Regionen?
Gerade der Hausarztmangel in ländlichen Regionen bringt manche Kommunen dazu, selbst neue Wege zu gehen. Daher haben sich einige kleinerer Kommunen dazu entschlossen, trotz Haftungsrisiken und organisatorischer Herausforderungen ein eigenes Medizinisches Versorgungszentrum (MVZ) zu gründen. In Schwarzenborn entstand 2018 Hessens erstes kommunales MVZ, nach einer vierjährigen Planungsphase. Ein Pflegedienst und eine phy-

siotherapeutische Praxis sitzen im gleichen Gebäude. Die besseren Arbeitsbedingungen in MVZ – geregelte und flexible Arbeitszeiten, Teilzeitoptionen und fachlicher Austausch im Team – machen es leichter, Personal dafür zu finden. Kommunen fehlt zwar häufig das Know-how und die Erfahrung, ein eigenes MVZ zu betreiben. In ländlichen Regionen kann es jedoch eine Lösung sein, wenn Krankenhäuser geschlossen werden und ärztliche Zulassungen in einem kommunalen MVZ zusammengelegt werden.

Die Zahl und das Arbeitszeitvolumen von Hausärzten und Fachärzten auf dem Land werden trotz aller Anstrengungen weiter schrumpfen, davon ist auszugehen. Was heißt das für ältere Menschen, ihre Gesundheit und ihre Lebensqualität? Die wohnortnahe Versorgung hängt nicht nur von ärztlicher Kompetenz ab. In Ländern mit dünn besiedelten ländlichen Regionen wie Schweden und Norwegen werden längst andere Versorgungsmodelle umgesetzt. Hier sind Patienten über digitale Technologien angeschlossen, werden sie von nicht-ärztlichem, hochqualifiziertem Personal betreut, das im Bedarfsfall Ärzte und Krankenhäuser einschaltet.

In Schweden gibt es besondere ländliche Versorgungszentren für Primär- und Langzeitversorgung. Schweden hat wie andere skandinavische Länder früh damit begonnen, eine umfassende Digitalisierungsstrategie im Gesundheitssystem umzusetzen. Ähnlich wie in Dänemark wurde eine einheitliche elektronische Patientenakte flächendeckend eingeführt, allerdings mit regionalen Differenzen bei den ausführlichen Langversionen. Die Dateninfrastruktur wurde auf die Bedürfnisse einer digital vernetzten Gesundheitsversorgung eingestellt. Das erhöht vor allem die Versorgungssicherheit für Menschen in ländlich-peripheren Regionen.

Zugleich tragen nicht-ärztliche Berufe in Schweden eine viel größere Verantwortung in der gesundheitlichen Versorgung als in Deutschland. So genannte »Gemeindepflegekräfte« teilen Patienten nach Schweregrad ein. Sie dürfen auch Arznei- und Hilfsmittel verordnen. In den entlegenen Regionen Lapplands im Norden Schwedens wurde bereits vor mehr als zehn Jahren mit digitaler Versorgung aus der Ferne experimentiert.

Wenn der Arzt weit weg ist: virtuelle Gesundheitsräume in Nordschweden

In Lappland sind in Schulen, Gemeinschaftseinrichtungen oder auch Supermärkten sog. »virtuelle Gesundheitsräume« installiert worden. Menschen können dort selbst ihren Blutdruck messen oder Gesundheitswerte wie Blutzucker und Blutgerinnung bestimmen. Diese Daten werden digital an das nächste Versorgungszentrum übertragen. In einer abgeschirmten Box können sie die Ergebnisse später per Videosprechstunde mit den Fachkräften besprechen. Die digitalen Terminals funktionieren nutzerfreundlich mit Piktogrammen, so dass auch weniger technisch versierte Menschen mit ihnen zurechtkommen.

Weiterführende Infos: www.bosch-stiftung.de/de/projekt/port-patientenorientierte-zentren-zur-primaer-und-langzeitversorgung

---

In ländlichen Gegenden wird über die Zukunftsfähigkeit der Gesundheitsversorgung entschieden. Für einen Großteil der üblichen Versorgungsbedarfe in diesen Regionen ist allerdings keine unmittelbar ärztliche Kompetenz nötig; hier können andere Gesundheitsberufe mehr Verantwortung übernehmen (Luthe, 2013). Gefragt sind andere Versorgungsmodelle für die Fläche, mit digitaler Unterstützung. Allerdings müssen sich dafür auch Mentalitäten verändern: Viele ältere Menschen vertrauen vor allem Ärzten und können sich eine primäre Betreuung durch anderes medizinisches Personal nicht so richtig vorstellen.

In einer Gesellschaft des langen Lebens, in der wir mit vielen gesunden Jahren alt werden wollen, kommt es auf Prävention, Gesundheitsförderung und wohnortnahe Versorgung an. Die eigene Gesundheit zu erhalten und zu fördern, hängt dabei von vielen Faktoren ab. Nicht alle sind individuell beeinflussbar. Sozial benachteiligte Personen nehmen präventive Leistungen seltener in Anspruch, sind auch schlechter darüber informiert. Dieses Muster bleibt im Alter bestehen, es erstreckt sich jedoch über die gesamte Lebensspanne. Die grundlegenden Ursachen für gesundheitliche Ungleichheit kann das Gesundheitssystem selbst nicht ändern. Gerade benachteiligte Personen brauchen niedrigschwellige Angebote. Das ist auch wichtig, um Pflegebedürftigkeit zu verringern oder zu verzögern, um möglichst lange selbstständig leben zu können.

2.9 Wenn selbständig leben schwieriger wird: Hilfen im Alltag

Was ist wichtig, um zuhause selbstbestimmt alt werden zu können? Nach wie vor denken viele von uns vor allem an Pflege, die irgendwann gebraucht werden könnte. Zu wenig denken wir darüber nach, wie sich Pflege verhindern oder zumindest deutlich verzögern und verringern lässt. Auch hier gibt es Ansätze für Prävention. Damit das gelingt und die meisten von uns lange selbstständig und selbstbestimmt leben können, gibt es viele Hilfen. Das sind bauliche Veränderungen in der Wohnung, Unterstützung im Haushalt und Alltag oder auch Gruppenangebote. Solche Hilfe und Dienstleistungen ermöglichen, das tägliche Leben auch mit Einschränkungen zu meistern, die eigene Gesundheit zu fördern und soziale Kontakte aufrechtzuerhalten.

Eine typische Form ist die gegenseitige Hilfe unter Nachbarn, die in der Regel ganz selbstverständlich funktioniert. Sie fällt umso leichter, je mehr sich Nachbarn in gemeinsamen Gärten, Räumen oder Plätzen begegnen können. Architektur und Stadtplanung haben auch hier soziale Funktionen, die häufig unterschätzt werden. Die organisierte Nachbarschaftshilfe hingegen ist eine Hilfe *für* Nachbarn, nicht notwendigerweise *von* Nachbarn. Sie gibt es in Form von Genossenschaften sowie in gemeinnütziger Trägerschaft durch Wohlfahrts-verbände. Bring- und Holdienste, Einkaufshilfen, Fahrdienste, Betreuungsangebote, handwerkliche und hauswirtschaftliche Hilfen sind typische Dienstleistungen, die gegen Entgelt oder teilweise auch als Sozialleistung erbracht werden. Einzelpersonen können sich auch durch einen Pflegekurs entsprechend SGB IX für Nachbarschaftshilfe qualifizieren. Dann kann diese präventive Hilfe auch über den Entlastungsbetrag der Pflegeversicherung finanziert werden.

Seniorengenossenschaften

Seniorengenossenschaften sind eine besondere Variante der Selbsthilfe. Sie funktionieren ähnlich wie Tauschringe, in denen alle Mitglieder ein Anrecht auf Alltagshilfen haben und selbst Dienste zur Verfügung stellen. Alle Mitglieder zahlen einen regelmäßigen Beitrag. Wird die Arbeit der Seniorengenossenschaft mit Hauptamtlichen unterstützt, kann der Beitrag höher sein, oder es werden Spenden eingeworben. Alle genossenschaftlichen Mitglieder sind gegen Risiken ihres Handelns versichert. Seniorengenossenschaften können entgegen ihrem Namen auch generationenübergreifend organisiert sein. Vor allem in Bayern und Baden-Württemberg haben Landesregierungen dieses Modell propagiert und gefördert.

Weiterführende Infos: www.stmas.bayern.de/senioren/genossenschaften

---

Regionen mit hohem Engagementpotenzial und Ressourcen können punkten, während in strukturschwachen Gebieten genossenschaftliche Modelle weniger gut funktionieren (Beyer et al., 2015). Kommunen können organisierte Formen der Nachbarschaftshilfe fördern, wenn sie den Willen und die entsprechenden Mittel haben. Sie können auch Räume und Sachmittel bereitstellen. In ländlichen Regionen mit schwacher Nahversorgung erfüllen häufig selbst organisierte Dorfläden solche Funktionen.

Nachbarschaftshilfe oder Seniorengenossenschaften sind Elemente
sog. »sorgender Gemeinschaften«. Diesen Strukturen hat der Siebte
Altersbericht der Bundesregierung besondere Aufmerksamkeit ge-
widmet (Deutscher Bundestag, 2016). Sich um andere und für andere
zu sorgen, ist etwas Anderes, als sich Sorgen zu machen. Es ist eine
aktive Einstellung, eine Tätigkeit, wie sie typisch ist für Eltern oder
auch Sozialberufe. Sorge ist auch wesentlich mehr als Pflege oder
Erziehung. Eine sorgende Gemeinschaft aufzubauen ist ein Akt der
Prävention. Die eigentliche Sorgearbeit wird nach wie vor hauptsächlich von Frauen übernommen, sowohl die professionelle als auch
die familiale oder informelle. Nicht nur aus Gründen der Ge-
schlechtergerechtigkeit, auch aufgrund des sozialen und demografischen Wandels ist dies keine nachhaltige Lösung. Eine umfassende
Professionalisierung der Sorgearbeit einschließlich der Pflege stößt
hingegen an finanzielle Grenzen.

Sorgende Gemeinschaften sollen diesem Dilemma entgegenwirken. Sie können Experimentierfelder sein, auf denen freiwillig Engagierte gemeinsam mit Professionellen und Angehörigen dafür
sorgen, dass Menschen an ihrem Wohnort besser eingebunden und
unterstützt werden. Aber können sie eine Alternative zu einer sozi-
alstaatlich abgesicherten Struktur von Pflege und Sorge sein? Der
Siebte Bericht zur Lage der älteren Generation in der Bundesrepublik
Deutschland ist eher skeptisch und sieht sorgende Gemeinschaften
als innovative Ergänzung, nicht aber als Ersatz. Letztlich kommt es
darauf an, dass neben einer zentralen sozialstaatlichen Absicherung
ein lokales Umfeld vorhanden ist, in dem sich sorgende Gemeinschaften wirksam entwickeln können.

Der Begriff der »sorgenden Gemeinschaften« bezeichnet ein alt-
bekanntes Phänomen: In allen Gesellschaften, auch in allen Städten
und Gemeinden, teilt sich die Sorgearbeit auf viele Akteure auf: Angehörige, Nachbarn, Freiwillige, professionelle private und gemeinnützige Organisationen, Kirchen, Vereine und weitere zivilgesellschaftliche Organisationen. Staat und Kommunen tragen ebenfalls
ihren Teil dazu bei, indem sie Netzwerke und Modelle unterstützen
(Kricheldorff et al., 2015). Zu sorgenden Gemeinschaften tragen Äl-

tere im Übrigen selbst bei. Denn nicht wenige über 65-Jährige sind selbst freiwillig engagiert und kümmern sich um die Anliegen ihrer Generation.

Am Beispiel der Kirchengemeinden und Religionsgemeinschaften zeigt sich, wie engagierte Gemeinschaften der Einsamkeit entgegenwirken können, und zwar mit relativ einfachen Methoden. So praktizieren nicht erst seit der Pandemie viele kirchliche Gemeinden das Modell der telefonischen Sorge. Freiwillige aus der Gemeinde rufen regelmäßig verschiedene ältere Gemeindemitglieder an, die nicht an den Aktivitäten vor Ort teilnehmen oder teilnehmen können. Darüber erfahren sie von Nöten und Sorgen und können aus der Gemeinde heraus helfen.

Auf Alltagshilfen und niedrigschwellige Dienstleistungen sind vor allem Hochaltrige angewiesen. Daher sind Alltagshilfen im Leistungsrecht der Pflegeversicherung schrittweise aufgewertet worden. Ab Pflegegrad 1 können Menschen über den sog. Entlastungsbetrag für 125 Euro monatlich Hilfe oder Betreuung einkaufen. Eine andere Möglichkeit besteht darin, solche Leistungen im Rahmen der Verhinderungspflege mit den Pflegekassen abzurechnen. Diese Neuregelungen haben den Markt für Alltagshilfen belebt, obwohl das Angebot nicht in allen Regionen ausreichend ist. Allerdings sind Alltagshilfen nicht erst dann wichtig, wenn ein Pflegegrad beantragt wird. Doch ohne leistungsrechtliche Grundlage müssen Ältere die Leistungen selbst einkaufen, was soziale Ungleichheiten verstärkt und das präventive Potenzial von Alltagshilfen brach liegen lässt (Müller & Strünck, 2020). Viele Kommunen haben erkannt, dass gerade die vorpflegerischen Hilfen entscheidend sind, damit Menschen möglichst selbstständig alt werden können.

Leben und Wohnen im Alter: Selbstständig bleiben in Siegen-Wittgenstein

Die Region Siegen-Wittgenstein in Nordrhein-Westfalen ist eine ländlich-industrialisierte Region, die wirtschaftsstark ist. Sie gehört zugleich zu den am stärksten alternden Regionen in

Deutschland. Seit 2005 hat der Kreis das Modell »Leben und Wohnen im Alter« aufgebaut. Über wohnortnahe *Seniorenservicestellen* können Ältere und Angehörige hauswirtschaftliche und andere Dienste vermittelt bekommen, zudem ebenfalls Entlastung für pflegende Angehörige. Viele dieser Dienste werden von Wohlfahrtsverbänden getragen. Auch die Beratung zur eigenen Wohnung oder einem möglichen Umzug wird angeboten. Damit möchte der Kreis die Lücke vor den pflegerischen Leistungen erfüllen, welche die Pflegeversicherung anbietet.

Weiterführende Infos: www.siegen-wittgenstein.de/Kreisverwaltung/Verwaltung-A-Z/Dienstleistungen/Leben-und-Wohnen-im-Alter

Angebote, die im Alltag unterstützen sollen, gehören zur kommunalen Altenhilfe nach § 71 des Sozialgesetzbuches. Denn solche Angebote können helfen, den Alltag im Alter selbstständig bewältigen zu können und haben damit präventiven Charakter. Sie sind aber nur teilweise durch Sozialversicherungen wie die Pflegeversicherung finanziell abgedeckt. Ihre Finanzierung zu sichern ist Aufgabe für eine vorausschauende Sozialpolitik. Denn präventive Hilfen sind Teil eines »vorsorgenden Sozialstaats« (Strünck, 2005).

Zur Vorsorge gehört auch, die Einschränkungen des Alters genauso in den Blick zu nehmen, wie die Potenziale des Alterns. Die kommunale Seniorenpolitik steht daher vor der Herausforderung, der Vielfalt des Alterns durch ebenso vielfältige Ansätze in der Seniorenarbeit zu begegnen.

3 Herausforderungen für die kommunale Seniorenpolitik und Seniorenarbeit

✓ Niemanden zurücklassen, niemanden alleine lassen
✓ Engagement fördern
✓ Seniorenarbeit weiterentwickeln

Gutes Älterwerden für alle: Das ist ein großer Anspruch in einer Gesellschaft des langen Lebens. Können wir uns aussuchen, wo wir alt werden wollen? Wer ausreichend Ressourcen hat, kann sich im Alter eine angenehme und anregende Umgebung schaffen oder gar umziehen. Das ist aber nicht allen möglich. Gute Orte für alle und damit auch für alle Älteren zu schaffen, ist daher eine große Herausforderung. Ältere hierbei nicht nur als Hilfebedürftige, sondern ebenso als Aktive und Engagierte zu sehen, ist ein Auftrag an die Kommunen. Auch Ältere können von der Gesellschaft ausgeschlossen sein. Dies zu verhindern, ist ein wesentlicher sozialpolitischer Auftrag. Dafür sind nicht nur die großen sozialen Sicherungssysteme verantwortlich.

3.1 Solidarität im Kleinen: Was lässt sich vor Ort tun gegen Exklusion und Einsamkeit?

Exklusion ist eines der großen sozialwissenschaftlichen Themen, Exklusion zu verhindern ein Auftrag an die Politik. Exklusion hat viel mit sozialer Ungleichheit zu tun: Wenn Menschen aus sozio-ökonomischen Gründen weniger Bildungschancen haben, eine schlechtere

84

Gesundheit oder wenn sie wichtige Grundbedürfnisse wie Urlaub nicht erfüllen können (Kronauer, 2010). Ausgeschlossen werden Menschen auch dann, wenn ihnen der Zugang zur Infrastruktur verwehrt wird: Wenn Ältere oder Menschen mit Behinderung keine Bahnen benutzen können, wenn sie nicht in Gebäude kommen, ist auch dies eine Form der Exklusion. Und es gibt institutionelle Exklusion, wenn Kinder mit körperlichen oder geistigen Einschränkungen nur bestimmte Schulformen besuchen können. Inklusion ist das große politische Ziel, um systematische Exklusion zu verhindern.

Was das Alter betrifft, so tritt das soziale Risiko von Exklusion in zwei Formen auf. *Bestehende soziale Ungleichheiten aus früheren Lebensphasen* setzen sich im Alter fort: Wer in seinem Berufsleben nicht viel Geld verdient hat, einen körperlich und psychisch belastenden Beruf ausgeübt hat, dessen soziale Lage wird auch im Alter eine schlechtere sein. Es gibt daneben *altersspezifische Risiken der Exklusion:* Wenn kritische Lebensereignisse wie der Verlust des Partners eintreten, wenn soziale Kontakte abnehmen oder persönliche Einschränkungen zunehmen, wächst das Risiko, vom gesellschaftlichen Leben ausgeschlossen zu werden.

Die Ursachen für soziale Exklusion im Alter sind vielfältig. Es können wirtschaftliche Faktoren sein (Armut), soziale Faktoren (Vereinsamung) oder auch sozialräumliche (benachteiligte Wohnlage), und diese Faktoren wirken zusammen. Altersarmut ist eine zentrale Ursache für Exklusion, was auch das Zusammenleben in Städten und Gemeinden prägt. Die Kommunen sind selbst die Träger der Grundsicherung im Alter, die das sozio-kulturelle Existenzminimum garantieren soll, wenn Menschen im Alter kein ausreichendes Einkommen haben. Die Zahl der Leistungsempfänger ist in den letzten Jahren deutlich gestiegen, von 258.000 Menschen im Jahr 2019 auf 647.000 im Jahr 2022 (www.sozialpolitik-aktuell.de).

Altersarmut: Weniger dramatisch als Kinderarmut?
Um die steigenden Zahlen bei der Grundsicherung im Alter einordnen zu können, muss man sie auch im Verhältnis zur Bevöl-

kerung betrachten. Seit 2019 liegt der Anteil derjenigen, die Leistungen der Grundsicherung im Alter beziehen, zwischen drei und vier Prozent aller Personen oberhalb der Regelaltersgrenze. Zum Vergleich: Von allen Kindern bis 15 Jahre waren zwischen 2019 und 2021 zwischen 13,5 und 14,8 Prozent auf Leistungen der Grundsicherung angewiesen (www.sozialpolitik-aktuell.de). Doch auch Menschen, die keine Grundsicherung beziehen, sind arm, wenn ihr Einkommen unterhalb der Schwelle von 50 Prozent des Medianeinkommens liegt. Eine Studie im Auftrag des Bundesfamilienministeriums hat für 2021 ermittelt, dass von den hochaltrigen Menschen über 80 Jahre ein Viertel einkommensarm ist (https://ceres.uni-koeln.de/forschung/d80). Frauen sind dabei stärker betroffen als Männer.

Armutsforscher warnen davor, die Armutsrisiken verschiedener Gruppen gegeneinander auszuspielen und unterschiedlich zu bewerten. Bei Älteren kommt hinzu, dass die tatsächliche Armutsquote deutlich höher sein dürfte. Denn ältere Menschen beziehen häufiger als andere gesellschaftliche Gruppen aus Scham oder Unwissen keine zusätzlichen Sozialleistungen, auf die sie einen Anspruch haben. Auch berichten die Tafeln in Deutschland, dass es vor allem Ältere sind, die zu ihnen kommen, um günstige Lebensmittel zu erhalten.

Einkommensarmut wirkt sich auf die Lebenslagen im Alter in ganz unterschiedlicher Weise aus. So sind beispielsweise Haustiere für manche ältere Menschen besonders wichtig, um Beziehung und Kommunikation zu unterstützen und den Lebenssinn zu fördern. Doch Haustiere können teuer sein, weil außer dem Futter die Rechnungen für den Tierarzt zusätzliche Kosten bedeuten. Auf ein Tier aus Kostengründen zu verzichten, mindert die Lebensqualität jedoch beträchtlich. Es gibt daher bereits Stiftungen, die Kosten für Tierarztrechnungen übernehmen.

Armut beeinträchtigt die sozialen Beziehungen. Wer unter Altersarmut leidet, hat ein vielfach höheres Risiko zu vereinsamen. In

Befragungen des Deutschen Alterssurvey fühlte sich die Hälfte der Befragten, die sich als sozial ausgeschlossen betrachten, zugleich einsam (Vogel et al., 2019). Das Risiko der Vereinsamung ist ein soziales Risiko, das nicht alle gleichermaßen trifft. Armut zu bekämpfen kann das Risiko verringern, sich einsam zu fühlen. Manche lokalen Projekte verbinden diese Ziele ganz bewusst miteinander.

Solidarisches Café Grenzenlos in Düsseldorf
Der Verein betreibt ein eigenes Café-Restaurant in einem zentralen Stadtteil von Düsseldorf. Bedürftige kriegen eine besondere Karte, über die sie Frühstück oder Mittagessen zu sehr günstigen Preisen bekommen. Andere Gäste zahlen entsprechend mehr, so dass es einen solidarischen Ausgleich gibt. In den Räumen finden außerdem regelmäßig Ausstellungen oder Veranstaltungen statt. Auch gekocht wird regelmäßig gemeinsam. Die Grundidee ist, dass Arm und Reich nicht getrennt voneinander leben, sondern sich beim Essen begegnen, anders als bei der Essensausgabe durch die Tafeln. Vor allem Ältere kommen gerne ins Café Grenzenlos. Der Verein engagiert sich darüber hinaus in der Stadt für soziale Projekte.
Weiterführende Infos: www.grenzenlosev.de

Die wachsende Diskussion um Vereinsamung im Alter ist zwiespältig. Es sind keineswegs die Älteren, die diesem Risiko besonders stark ausgesetzt sind. Das Gefühl von Einsamkeit ist unter jungen Menschen stärker verbreitet, auch wenn sie objektiv betrachtet viele Kontakte und ein aktives Leben haben mögen (Barreto et al., 2021). Einsamkeit als ein Problem älterer Menschen zu bezeichnen, unterstützt ein negatives Bild des Alters und stimmt nicht mit den empirischen Erkenntnissen überein. Allerdings senken Ältere ihre Ansprüche an soziale Beziehungen im Vergleich zu jungen Menschen stärker ab, was zum sog. »Zufriedenheitsparadox« des Alters beiträgt. Negative Gefühle von Einsamkeit mögen nicht typisch für das Alter sein; dennoch müssen Wissenschaft und Politik dieses Risiko ernst nehmen.

Wenn Menschen nicht die sozialen Beziehungen haben, die sie sich wünschen, spricht die Psychologie vom »Gefühl der Einsamkeit«. Nimmt auch objektiv die Zahl und Intensität der Kontakte ab, kann aus empfundener Einsamkeit auch objektive soziale Isolation werden. Einigkeit besteht darin, dass Einsamkeit im hohen Alter zunimmt, nicht aber, dass Ältere generell stärker davon betroffen sind als andere Altersgruppen. Empirische Befunde dazu sind allerdings rar. So werden die über 85-Jährigen in die wichtigsten Altersstudien gar nicht mit einbezogen. Auch sind die verwendeten Definitionen von Einsamkeit oder Vereinsamung unterschiedlich. Manche Studien betrachten Einsamkeit als Phase, andere blicken nur auf tiefe und dauerhafte Einsamkeit. Ob künftige Generationen von Älteren mehr oder eher weniger einsam leben werden, ist ebenfalls umstritten.

Ein internationales Forscherteam hat die wichtigsten empirischen Studien zur Einsamkeit ausgewertet, die von 2000 bis 2019 – also bis zur Corona-Pandemie – veröffentlicht wurden (Surkalim et al., 2022). Die Ergebnisse zeigen, dass man sich vor Pauschalisierungen hüten muss, dafür sind die Daten zu unterschiedlich. So gibt es in den nordischen Ländern mit 2,7 bis 5,2 Prozent generell deutlich geringere Quoten von Menschen, die an Einsamkeit leiden als in den meisten anderen europäischen Ländern. Auch sind die Altersgruppen unterschiedlich betroffen. Dabei leiden Ältere keineswegs stärker unter Einsamkeit als andere Gruppen, wie die Daten zeigen. Die Pandemie hat in vielen Ländern die Einsamkeit zwar erhöht, sie ist aber nicht dramatisch gestiegen, im Mittel um fünf Prozent. Das zeigt eine Analyse der wichtigsten Studien (Ernst et al., 2022). Von einer »Einsamkeits-Pandemie« zu sprechen, ist daher übertrieben.

Ursachen und Wirkungen von (unerwünschter) Einsamkeit sind inzwischen breiter erforscht. Gesundheitswissenschaftler betonen, dass Armut und Ungleichheiten zentrale Ursachen sind, die vor allem in puncto Bildung und Wohnen bekämpft werden müssten. Denn Einsamkeit würde krank machen und die Lebenserwartung verkürzen (O'Sullivan et al., 2022). Soziale Kontakte zu fördern, ist ebenfalls eine wichtige Maßnahme, um das Risiko der Einsamkeit und damit das Risiko der Pflegebedürftigkeit zu verringern.

Soziale Kontakte sind vor allem im Alter keine rein individuelle Angelegenheit oder Verantwortung. Städte und Gemeinden haben darauf mehr Einfluss, als man denken würde. Denn wer »zuhause alt werden« möchte, der wünscht sich die vertraute Umgebung und vertraute Beziehungen. Städte und Gemeinden können sozialen Austausch aktiv fördern und damit der Einsamkeit entgegenwirken. Gerade die experimentierfreudigen nordischen Länder können hier ein Vorbild sein, auch wenn sich nicht alle Ansätze unmittelbar übertragen lassen.

Aarhus in Dänemark: Aktive Bürgerschaft gegen Einsamkeit
Einsamkeit im Alter zu bekämpfen ist für die dänische Stadt Aarhus Teil einer Gesamtstrategie: Wie können wir Engagement und Partizipation der Bürger selbst stärken? Das beginnt mit der Prävention. Ärze und Apotheker dürfen Kontaktdaten unter Einwilligung an die lokale Verwaltung weiterleiten. Fachleute nehmen dann Kontakt zu den älteren Menschen auf. Alle 75-Jährigen bekommen zum Geburtstag einen Brief mit einer Einladung der Stadt, sie persönlich zu besuchen. Dabei wird besprochen, wie sie weiterhin selbstständig bleiben und am gesellschaftlichen Leben teilhaben können. Auch der öffentliche Raum ist anders in Aarhus. Manche Häuser haben keine Privatbalkone, dafür aber Gemeinschaftsterrassen. Menschen begegnen sich dort und knüpfen Kontakte. Postkarten und Poster springen überall in der Stadt die Menschen an mit Botschaften wie: »Sollen wir zusammen essen gehen?« oder »Treffen wir uns im Park?«. Zentral in der Stadtmitte bietet das Dokk1 als größte Bibliothek Skandinaviens einen Raum für alle. Hier können sich Menschen in verschiedenen Räumen treffen, kreativ sein, Kurse besuchen oder eben einfach lesen. Das Dokk1 beherzigt genauso wie Mehrgenerationenhäuser in der Stadt einen zentralen Grundsatz alters- und generationen-

freundlicher Stadtentwicklung. Denn es bietet einen Raum für soziale Begegnungen, ohne Konsumzwang.
Weiterführende Infos: www.koerber-stiftung.de/age&city

Gemeinden und ihre Verwaltungen können dafür sorgen, dass generationenfreundliche Umgebungen und Angebote der Vereinsamung entgegenwirken. Sie werden dadurch zu »Compassionate Cities«, zu mitfühlenden Gemeinden. Noch kleinteiliger ist die der »sorgenden Gemeinschaften«, die in einer Gesellschaft des langen Lebens und wachsender Diversität größere Aufmerksamkeit bekommt. Sorgende Gemeinschaften waren eines der großen Themen im Siebten Altersbericht der deutschen Bundesregierung.

Es gibt auch andere Gemeinschaftsprojekte, die ebenfalls dem Risiko der Einsamkeit vorbeugen sollen. So ist das gemeinsame Essen im Grunde ein Ritual, dessen Bedeutung im Alter verloren gehen kann. Wer Essen auf Rädern geliefert bekommt, erfüllt damit zwar Grundbedürfnisse. Aber die kulturelle und soziale Bedeutung des Essens kommt zu kurz. Denn Essen hat auch viel mit Kommunikation und Kontakten zu tun.

Auf Rädern zum Essen in Bayerisch-Schwaben

Ein gemeinsamer Mittagstisch, zu dem Ältere zusammenkommen, ob mit dem Fahrdienst, mit Rollstuhl oder Rollator: Es sind alle aus der Umgebung eingeladen teilzunehmen und werden bei Bedarf von Freiwilligen zuhause abgeholt. Nach dem gemeinsamen Mittagessen zum günstigen Einheitspreis begleiten Helfer die Menschen wieder zurück nach Hause. Das Projekt ist Teil des Konzepts »Integrierte Ländliche Entwicklung«. Eine Stärkung der Daseinsvorsorge für Jung und Alt sowie die Belebung der Dorfkerne sind zentrale Ziele des Programms, zu dem weitere Projekte wie die »Helfenden Hände« ganz im Sinne sorgender Gemeinschaften gehören.

Weiterführende Infos: https://mittleres-ries.de/index.php/aktivi
taeten-und-projekte-trennzeichen/auf-raedern-zum-essen

Die Kommunen können einen Beitrag dazu leisten, Altersarmut zu
bekämpfen und das Risiko der Einsamkeit zu verringern: über aufsuchende Beratung, neue und bezahlbare Wohnformen im Alter oder
erschwingliche Mobilität. Kommunale Seniorenpolitik wäre allerdings damit überfordert, alleine Altersarmut zu bekämpfen, denn das
ist eine übergeordnete sozialpolitische Aufgabe. Außerdem sollte
Seniorenpolitik kein negatives Altersbild unterstützen, so als wären
Einsamkeit und Exklusion typische Altersprobleme. Schließlich geht
es ebenso darum, politische Beteiligung und soziales Engagement zu
fördern, auch im Alter.

3.2 Auf dem Weg in die lokale Rentner-Demokratie? Politische Beteiligung in der späteren Lebensphase

Die Älteren und die Politik: Vielen jüngeren Menschen fallen dazu
zwei eher negative Aspekte ein. Da ist zum einen die – zutreffende –
Beobachtung, dass das Durchschnittsalter von Berufspolitikern eher
hoch ist, die jungen deutlich weniger repräsentiert sind. Zum anderen denken die meisten jüngeren Menschen vor allem an das böse
Wort von der »Rentnerdemokratie«. Da inzwischen über die Hälfte
der Wahlberechtigten in Deutschland über 50 Jahre alt ist, würden
deren Interessen auch am stärksten von Regierungen aufgegriffen.
Einschnitte ins Rentensystem zugunsten einer zukunftsfähigen Rente
für kommende Generationen seien zum Beispiel kaum zu erwarten.
Und den aus Sicht vieler jungen Menschen rückwärtsgewandten Br-
exit hätten in Groß Britannien insbesondere ältere Briten den jungen

eingebrockt, da sie nostalgisch und fortschrittsfeindlich seien. Die Zukunft ihrer jüngeren Mitbürger interessiere sie eben nicht. Nicht alles an der These von der Rentnerdemokratie ist falsch. Einerseits werden Parteien mit hohen Anteilen älterer Wähler deren Interessen stärker berücksichtigen. Andererseits hängen die Positionen und faktischen Entscheidungen jedoch von vielen anderen Faktoren ab (Brunsbach, 2018). Außerdem unterstellt die These von der Rentnerdemokratie, alle Älteren hätten ähnliche Interessen, nicht nur in Bezug auf die Rente. Angesichts der großen Vielfalt des Alters ist diese Annahme allerdings problematisch. Politische Einstellungen sind nur bedingt abhängig vom Alter. Vielmehr ist es so, dass Menschen sich schon im jungen Alter in ihren politischen Einstellungen unterschieden und diese Unterschiede tendenziell auch im Alter bestehen bleiben. Aktuelle Wahlanalysen zeigen außerdem, dass das Alter alleine unterschiedliches Wahlverhalten nicht erklären kann (Hirndorf, 2021).

Was die Zukunft angeht, so ist diese auch Älteren wichtig. Zum Konzept der sog. »Generativität« gehört, dass sich ältere Menschen viele Gedanken über die Zukunft der Nachgeborenen machen. Generativität heißt, dass Menschen die Fähigkeit besitzen, die Sorgen anderer Generationsangehöriger nachzuempfinden. Das betrifft zum Beispiel den Klimawandel. Es ist keineswegs so, dass der Kampf für einen besseren Schutz des Klimas ein Privileg und eine Verantwortung der Jüngeren wäre, auch wenn dies in den Medien häufig so dargestellt wird.

Omas for Future

Ist die Generation der Großeltern und Eltern für den schlechten Zustand unseres Planeten verantwortlich? Kommt es nur auf die Jüngeren an, wenn der Klimawandel aufgehalten werden soll? Als Antwort auf die vor allem von jungen Menschen getragene Bewegung »Fridays for Future« von Greta Thunberg hat sich die Initiative »Omas for Future« gegründet. Die Gründerin Cordula Weimann erklärt ihr Motiv auch damit, dass die Enkelgeneration noch gar keine eigene Stimme habe, die »Großelterngeneration« sich aber darum Gedanken mache. Zugleich käme es natürlich darauf an, dass *alle* ihren Lebens- und Konsumstil veränderten. Omas for Future sei kein Gegenentwurf zu Fridays for Future, sondern schließe sich öffentlichkeitswirksam der Bewegung an. Warum allerdings nicht auch »Opas« im Namen der Bewegung auftauchen, irritiert doch etwas.

Weiterführende Infos: www.omasforfuture.de

Politisches Interesse und Engagement haben also nicht nur mit den besonderen Bedürfnissen des Alters zu tun. Ältere sind politisch häufig interessiert und engagiert, nicht nur für sich selbst oder die Interessen ihrer Altersgruppe, sondern ebenso für die Interessen und Anliegen anderer Menschen, ganz im Sinne der Generativität.

In den Kommunen zeigt sich allerdings eine andere Form der Rentnerdemokratie. In kommunalen Parteien sind gemessen an ihrem Bevölkerungsanteil deutlich mehr Ältere als Jüngere engagiert, was für Parteien generell gilt (Klein et al., 2019). Die älteren Partei- und Ratsmitglieder in den Kommunen setzen sich natürlich nicht nur für die spezifischen Interessen älterer Menschen ein. Allerdings – und das ist ein kritisches Thema für die Kommunalpolitik – schrecken die teilweise altmodischen Sitzungsformen tatsächlich viele Jüngere ab (Bogumil, 2010). Wenn alteingesessene Parteimitglieder den jüngeren signalisieren, dass sie sich ihre Mitgliedschaft erst einmal »verdienen« müssen, dann bekommen Parteien ein massives Nachwuchsproblem.

Sind also die Interessen der Älteren, vor allem der Rentner, in der Kommunalpolitik überrepräsentiert? Und warum gibt es dann überhaupt noch Seniorenbeiräte? Fragt man Mitglieder solcher Beiräte, so vermitteln diese ein ganz anderes Bild (Naegele, 1999). In ihren Augen prägen berufstätige Ratsvertreter die Kommunalpolitik. Denen liege zwar die Attraktivität ihrer Gemeinde am Herzen. Doch sie soll vor allem für die wichtigsten Zielgruppen attraktiv sein: junge

Familien, qualifizierte Berufstätige, dynamische Unternehmen. Die Belange der Älteren würden dagegen häufig unter den Tisch fallen.

Deutschlandticket nur per App? Seniorenvertretungen protestieren

Auch für ältere Menschen ist das neue Deutschlandticket attraktiv, mit dem man für 49 Euro quer durch Deutschland mit Bussen und Bahnen fahren kann. Allerdings sollte es ausschließlich digital verfügbar sein. Das haben Seniorenvertretungen heftig kritisiert. Sie begrüßen zwar die technische Vereinfachung. Aber ältere Menschen ohne Smartphone dürften nicht vom Deutschlandticket ausgeschlossen werden. Die Proteste haben Wirkung gezeigt: Inzwischen ist das Deutschlandticket auch als Chipkarte oder in Papierform erhältlich.

Weiterführende Infos: https://lsv-nrw.de/wp-content/uploads/2018/10/PM-Deutschlandticket-08.05.2023.pdf

---

Seniorenbeiräte gibt es immer häufiger in Kommunen, vergleichbar den Jugendbeiräten. Diese Beiräte haben eine beratende Funktion, sie treffen keine verbindlichen Entscheidungen. Sie können jedoch Diskussionen mit eigenen Positionen prägen und somit Einfluss auf Entscheidungen nehmen. Manche Gemeindesatzungen erlauben es den Seniorenbeiräten und ihren Mitgliedern, mit Antrags- und Stimmrecht an Ausschuss-Sitzungen teilzunehmen. Wer sitzt in solchen Seniorenbeiräten? Die jeweiligen kommunalen Wahlordnungen zu Seniorenvertretungen sehen in der Regel vor, dass alle Personen ab 60 Jahren wahlberechtigt sind, die in der Kommune ihren Wohnsitz haben.

Interessenvertretungen wie Seniorenbeiräte ergänzen die etablierten Gremien demokratischer Politik wie die Räte in den Städten und Gemeinden (Alemann & Strünck, 1999). Verfechter eines klassischen Repräsentationsmodells argumentieren, dass jedes Ratsmitglied die Interessen aller Bürger der Gemeinde repräsentieren muss, ganz so wie Abgeordnete in Landtagen und dem Bundestag. Außerdem gebe es für zusätzliche gruppenbezogene Interessenvertretungen keine klare Grenze: Frauen, Menschen mit Migrationshintergrund, Kinder und Jugendliche oder Menschen mit Behinderung: Es gebe unzählige Merkmale, für die man eigene Interessenvertretungen schaffen könne. Nur wäre es dann kaum noch möglich, diese Interessen gleichmäßig in den politischen Gremien zu Wort kommen zu lassen. Diese Kritik klingt etwas akademisch. Denn in der Wirklichkeit haben sich Jugendräte, Integrationsräte oder eben auch Seniorenbeiräte bewährt, weil sie gebündelt ihre Stimme einbringen.

Die meisten Gemeindeordnungen der Bundesländer sehen kommunale Seniorenbeiräte allerdings nicht verbindlich vor, anders als zum Beispiel die Integrationsräte, die sich mit den Anliegen von Migranten beschäftigen. Die Kommunen können selbst entscheiden, ob und in welcher Form sie solche Interessenvertretungen für Ältere einführen möchten. Es fällt nicht immer leicht, genügend Mitglieder für die Seniorenbeiräte zu gewinnen; auch die Wahlbeteiligung schwankt erheblich. Und wenn sich Senioren dann lautstark einmischen, zeigt sich das Paradox der Partizipation: Wenn Gruppen die Möglichkeit der Beteiligung eingeräumt wird, darf man sich über Widerspruch und Protest nicht beklagen.

Eine weitere Frage, die sich viele Interessenvertretungen stellen müssen, ist die der Repräsentativität. Auch in Seniorenbeiräten geben häufig Männer den Ton an; Ältere mit Migrationshintergrund sind selten vertreten. Die Arbeit der Seniorenbeiräte ist trotz solcher Defizite, die sie mit vielen anderen Organisationen teilen, eine wichtige. Denn es geht auch um Interessenkonflikte und unterschiedliche Auffassungen von Lebensqualität. Seniorenbeiräte bringen in diese Prozesse eine eigene Stimme ein. Und sie können ganz praktische Erfahrungen beisteuern, welche Lösungen gut sind und welche nicht funktionieren. Dabei haben Seniorenbeiräte nicht nur die Interessen der Älteren im Blick, sondern ebenso das Miteinander der Generationen. Und zu diesem Miteinander gehört, dass sich ältere Menschen freiwillig für andere engagieren.

3.3 Freiwilliges Engagement der Älteren: eine ungenutzte Ressource?

Ältere engagieren sich vor Ort nicht nur politisch im Sinne der Interessenvertretung, sondern auch sozial, im Sinne freiwilligen Engagements für andere. Das tun sie in Kirchengemeinden, in Vereinen, in Initiativen oder ganz individuell. Die Rede vom »Ruhestand« im Alter macht uns glauben, dass Ältere vor allem Ruhe haben wollen und Ruhe geben sollen. Es gehört jedoch zum positiven Bild des aktiven Alterns, dass Ältere selbst über wichtige Ressourcen verfügen und Ressourcen für die Gesellschaft darstellen. Dazu gehört das freiwillige Engagement von Älteren. Solche »Potenziale des Alters« spielen in der Alternsforschung eine immer größere Rolle, sowohl aus psychologisch-medizinischer Sicht als auch aus soziologischer Sicht. Sie waren das zentrale Thema des Fünften Altenberichts der Bundesregierung (Kruse, 2007).

Potenziale des Alters: Positives Altersbild oder Leistungsideologie?

In der Wissenschaft gibt es kontroverse Positionen zu den Potenzialen des Alters. Einige Wissenschaftler betonen, dass die Ressourcen des Alters unterschätzt würden. Gerade weil soziale, wirtschaftliche, psychische und physische Ressourcen sozial ungleich verteilt seien, käme es darauf an, sie zu stabilisieren und zu fördern (Kruse & Wahl, 2010). Denn die Wissenschaft selbst habe durch eine Fixierung auf Themen wie Gebrechlichkeit und Vulnerabilität ein eher defizitorientiertes Altersbild gezeichnet. Andere kritisieren hingegen, dass Älteren die Produktivitätsnormen einer kapitalistischen Leistungsgesellschaft zugemutet würden (van Dyk & Lessenich, 2009). Gäbe es keine Potenziale oder wollten und könnten Ältere nicht (mehr) im zugeschriebenen Sinne produktiv oder engagiert sein, würde dies wiederum bei anderen ein negatives Bild vom Alter provozieren. Auch Konzepte wie die

---

»jungen Alten« würden diesem Produktivitätsparadigma Vorschub leisten.

Dass Ältere mehr Potenziale haben, als gemeinhin unterstellt wird, und dass solche Potenziale von anderen eingefordert werden, sind jedoch zwei unterschiedliche Aspekte. Unabhängig davon, wie man die Kontroverse um die »Potenziale des Alters« bewertet, kommt es auch darauf an, was sich Ältere selbst wünschen und zutrauen. Mit der wachsenden Gruppe älterer Menschen wachsen die Chancen, dass sich viele davon freiwillig für Andere engagieren. Generell hat Engagement in unserer Gesellschaft deutlich zugenommen.

Eine Gesellschaft von Egoisten? Freiwilliges Engagement nimmt zu

In den letzten beiden Jahrzehnten ist die Zahl derjenigen deutlich gewachsen, die sich freiwillig engagieren. Das zeigen die regelmäßigen Befragungen des Deutschen Zentrums für Altersfragen (DZA), das seinen Freiwilligensurvey alle fünf Jahre durchführt. 1999 waren es 30,9 Prozent aller Befragten (ab 14 Jahren), die sich freiwillig engagiert. In der jüngsten aktuellen Befragung von 2019 gaben fast 40 Prozent an, sich regelmäßig zu engagieren (Julia Simonson et al., 2021). Selbst wenn man einige methodische Probleme außen vorlässt, ist ein Wachstumstrend unverkennbar. Angesichts der zunehmenden Zahl älterer Menschen, sowohl im Dritten als auch im Vierten Lebensalter, steigt die Wahrscheinlichkeit, dass sich mehr Menschen freiwillig im Alter engagieren. Die Auswertung des jüngsten Freiwilligensurveys von 2019 bestätigt diese Vermutung erst auf den zweiten Blick (Karnick & Arriagada, 2021). Die ehrenamtlich aktivste Gruppe sind Personen zwischen 30 und 49 Jahren, von denen mit 44,7 Prozent fast die Hälfte freiwillig engagiert sind. Unter den Personen ab 65 Jahren ist mit 31,2 Prozent nur rund ein Drittel freiwillig engagiert. Allerdings ist dieser Anteil in den letzten Jahren besonders stark

97

gestiegen: 1999 lag er noch bei 18 Prozent. Unter den Hochaltrigen ab 80 Jahren engagiert sich jede fünfte Person freiwillig, die meisten davon im Bereich »Kultur und Musik« (Arriagada & Simonson, 2021).

Allerdings prägt soziale Ungleichheit auch das freiwillige Engagement im Alter. Wer in der früheren beruflichen Phase sozio-ökonomisch bessergestellt war, hat sich wahrscheinlich eher freiwillig engagiert. Wessen Lebenslage im Berufsleben hingegen prekär war, der wird sich im Alter eher nicht neu engagieren (Wetzel & Simonson, 2017). Das zu überwinden ist auch Aufgabe derjenigen, die Menschen für Engagement gewinnen wollen. Eine zentrale Erkenntnis der Forschung lässt sich praktisch ummünzen: Viele Menschen sind noch nie direkt angesprochen worden, sich zu engagieren. Auch wenn wir es nicht wissen: Vermutlich würden sich noch mehr Menschen – auch Ältere – engagieren, wenn andere persönlich an sie heranträten.

Und hier liegt eine Krux des Alters. Kirchen, gemeinnützige Organisationen oder auch Kommunen gehen häufig davon aus, dass sie sich vor allem um Jüngere als potenziell Ehrenamtliche kümmern müssen, da diese keine enge Bindung an Organisationen mehr hätten. Das führt dazu, dass Ältere häufig gar nicht explizit adressiert werden (Strünck, 2018).

Da sich Ältere offenbar zunehmend stärker engagieren, liegen hier offenbar noch Potenziale brach, die die kommunale Seniorenpolitik fördern kann. Denn moderne Seniorenarbeit in den Kommunen sieht ältere Menschen nicht per se als hilfebedürftig. Und sie muss sich den unterschiedlichen Herausforderungen stellen: Exklusion bekämpfen, Engagement fördern. Dabei müssen die Bedürfnisse und Ressourcen älterer Menschen stärker als bislang berücksichtigt werden. Menschen zu beteiligen und trotz widerstreitender Interessen einen Orientierungsrahmen zu schaffen: Das ist eine zentrale Herausforderung für die kommunale Seniorenpolitik.

3.4 Gemeinsame Visionen: Ansätze einer partizipativen Altenhilfeplanung

Wie finden Kommunen heraus, was Menschen sich wünschen, um gut, gesund und aktiv in ihrer Umgebung altern zu können? Wie können Kommunen Konzepte gestalten, die solchen Wünschen Rechnung tragen und zugleich den Trägern der Seniorenpolitik Planungssicherheit geben? Begriffe wie »Pflegeplanung« oder breiter »Altenhilfeplanung« erfassen diesen Anspruch nur ansatzweise, denn es geht um neuartige Planungsmodelle, und es geht um ein anderes Planungsverständnis.

Das beginnt mit der Definition von Zielen und Maßnahmen, wie sie zum Beispiel in der engeren Pflegeplanung, oder breiter in einer Altenhilfe- oder Sozialplanung vieler Städte und Gemeinden dokumentiert sind. In vielen Bundesländern verpflichten Landesgesetze die Kommunen dazu. Bei der Umsetzung gibt es jedoch große Spielräume. Schon der Begriff der »Planung« bereitet Probleme. Pflegedienste und -einrichtungen müssen zwar Qualitätskriterien erfüllen. Es existiert seit Einführung der Pflegeversicherung jedoch ein Markt, auf dem nicht die Kommunen darüber entscheiden, ob und welcher Dienst zugelassen wird. Solange gesetzliche Mindeststandards erfüllt sind, werden alle Anbieter von den Pflegekassen akzeptiert. Diesem grundlegenden Wettbewerbsprinzip steht der Auftrag der Kommunen gegenüber, eine bedarfsgerechte Infrastruktur zu gestalten. Zu dieser Infrastruktur gehören zum Beispiel alternative Wohnformen oder Beratungsangebote, die selbstständiges Wohnen im hohen Alter ermöglichen.

Bedarfsgerechte Infrastruktur planen: leichter gesagt als getan

Was bedeutet eigentlich »bedarfsgerecht« und wie werden Bedarfe methodisch ermittelt? Auch in der Wissenschaft ist häufig nicht ganz klar, was mit ähnlich klingenden Begriffen wie Bedürfnissen,

---

Bedarfen oder Nachfrage gemeint ist. Im Falle der Altenhilfeplanung werden Bedarfe häufig statistisch auf Basis von Auslastungsquoten ermittelt, also der tatsächlichen Nachfrage. Das ist aber irreführend. Denn der Bedarf hängt auch von den Präferenzen der Älteren und ihrer Angehörigen ab. Ist die Auslastungsquote in Heimen wirklich deshalb so hoch, weil zu viele Menschen einen Heimplatz suchen? Oder würden sich einige der Bewohner lieber andere Wohnformen wünschen, wenn es sie gäbe? Dann wäre der Ausbau stationärer Angebote eigentlich nicht bedarfsgerecht. Bedarfe lassen sich nicht unabhängig von Präferenzen der Bürger ermitteln. Eine moderne »Bedarfsplanung« ist daher eine partizipative Form der Planung, die Ältere und Angehörige mit einbezieht. Sie ist kein exaktes Planungsinstrument, sondern eher ein politischer Orientierungsrahmen.

Neben der Herausforderung, die Menschen in Planungsprozesse einzubinden, gibt es klassische Zielkonflikte. Ein typisches Thema ist die Frage, ob neue Pflegeheime entstehen sollen. Da stationäre Einrichtungen teuer sind und häufig nicht den Präferenzen von Angehörigen und Älteren entsprechen, wollen viele Kommunen diesen Sektor begrenzen und stärker auf alternative Angebote setzen. Für Träger jedoch können stationäre Einrichtungen wirtschaftlich attraktiv sein. Eine moderne Planung muss solche Zielkonflikte berücksichtigen, sollte sich aber in erster Linie an den Präferenzen von Betroffenen orientieren.

Die Unterschiede in der lokalen Altenhilfe- oder Pflegeplanung sind groß. Manche Pläne werden alle paar Jahre fortgeschrieben, manche decken eine längere Spanne ab. Viele Pläne konzentrieren sich auf statistisch aufbereitete Bedarfsprognosen. Andere Kommunen haben sich dazu entschieden, in einem aufwändigen Prozess sowohl die Betroffenen als auch die Träger der Altenhilfe einzubeziehen, um Ziele und Instrumente für Handlungsfelder zu definieren. Gerade die Perspektiven der Älteren und ihrer Zu- und Angehörigen sind wichtig, da sie nicht immer im Einklang stehen mit den wirtschaftlichen Interessen der Träger.

Lebenswertes Braunschweig: Altenhilfe- und Pflegeplanung 2020–2035

Die Stadt Braunschweig hat mit Hilfe externer Beratung einen längerfristigen Plan entwickelt. Dazu hat sie die sozio-demografische Situation in Stadtteilen beschrieben und Prognosen aufbereitet. Mit verschiedenen methodischen Instrumenten – Fokusgruppen, online-Befragungen und Telefon-Interviews – wurden Experten und Ältere nach ihren Einschätzungen und Wünschen gefragt. Der Planungsprozess war stark partizipativ angelegt: In acht verschiedenen Handlungsfeldern sind Ziele und Instrumente zusammengeführt, die sich aus den Befragungen und statistischen Analysen ergeben. Sie sollen der Kommune und allen beteiligten Akteuren einen längerfristigen Orientierungsrahmen bieten. Ein zusätzlicher Effekt besteht darin, dass sich die verantwortlichen Träger und Organisationen auf eine Entwicklungslinie einigen und damit die Kooperation in der Kommune stärken.

Weiterführende Infos: www.braunschweig.de/politik_verwaltung/fb_institutionen/fachbereiche_referate/ref0500/altenhilfeplanung-2020-2035.php

---

Das Beispiel der Stadt Braunschweig zeigt, dass eine moderne Altenhilfeplanung alle Aspekte einer altersfreundlichen Umgebung adressiert: Infrastruktur, Wohnen, Mobilität sowie Gesundheitsversorgung einschließlich Pflege. Damit wird die Altenhilfe ergänzt um ein breiteres Verständnis von Seniorenarbeit.

3.5 Vorsorge statt Fürsorge? Von der Altenhilfe zur modernen Seniorenarbeit

Wie sieht die kommunale Altenhilfe der Zukunft aus? Sie wird sich möglicherweise von ihrem Namen verabschieden, denn »Hilfe für die Alten« ist schon längst nicht mehr das, was damit gemeint ist. Schließlich geht es vor allem um Engagement *mit* Älteren und nicht nur *für* Ältere. Die Altenhilfe kann ihre Herkunft aus der Armenfürsorge derzeit nicht verleugnen: Mögliche Risiken des Alters sollen abgefedert werden. Die Altenhilfe leistet damit ungewollt einem Altersbild Vorschub, das während der Pandemie wieder stärker geworden ist: Ältere vornehmlich als verletzliche Gruppe zu sehen, als Schutz- und Hilfebedürftige, weniger als aktive Träger der Gesellschaft. Doch so sehen sich viele Ältere selbst überhaupt nicht.

Die kommunale Altenhilfe nach dem Sozialgesetzbuch ist nach wie vor in der Sozialhilfe verwurzelt. Um ihre Verbindlichkeit und Verlässlichkeit zu stärken, haben Fachvereinigungen wie der Verein für Sozialplanung angemahnt, ein Altenhilfestrukturgesetz einzuführen (Verein für Sozialplanung, 2022). Darin würden die bisherigen Sollbestimmungen geschärft, würden Rechtsansprüche geschaffen und die Finanzierung geregelt. Der Verein schlägt vor, für die Kosten sowohl Kranken- und Pflegekassen als auch die öffentliche Hand in die Verantwortung zu nehmen. Zugleich müsse ein Budget ermittelt werden, das sich u. a. am Anteil der über 65-Jährigen in den jeweiligen Kommunen orientieren könne.

Solche und ähnliche Forderungen erheben auch die Bundesarbeitsgemeinschaft der Seniorenorganisationen (BAGSO), die Freie Wohlfahrtspflege und verschiedene politische Parteien. Ob es den politischen Willen gibt, die Altenhilfe gesetzlich und finanziell auf ein neues Fundament zu stellen, bleibt abzuwarten. Unabhängig davon gehen Städte und Gemeinden in Deutschland unterschiedliche Wege, um die Altenhilfe und die Seniorenarbeit in ihrer ganzen Breite weiterzuentwickeln. Denn die Seniorenarbeit wird nicht nur von den

Kommunen selbst organisiert, sondern auch von gemeinnützigen Trägern, Initiativen und ehrenamtlichem Engagement.

Worum geht es in der kommunalen Seniorenarbeit der Zukunft? Sie soll die Einschränkungen des Alters ausgleichen und die Ressourcen des Alters fördern. Seniorenarbeit entwickelt Angebote von Älteren und für Ältere. Das Miteinander der Generationen und Kulturen, das Ziel eines inklusiven Gemeinwesens gehören ebenfalls zum Leitbild einer modernen Seniorenarbeit. Sie ist stark präventiv ausgerichtet, und sie soll die altersspezifischen Bedürfnisse nach barrierefreiem Wohnen, Mobilität oder Gesundheitsförderung aufgreifen.

Die Seniorenarbeit selbst steht vor der Herausforderung, sich nicht nur auf Ältere in günstigen Lebenslagen zu stützen, sondern alle zu adressieren. Viele der im Buch präsentierten Beispiele stehen für eine moderne, vielfältige Seniorenarbeit in Städten und Gemeinden: die kreativen Tanzkurse, die Hausbesuche in Dänemark, die gemeinsamen Mittagstische. Eigenes Engagement und soziale Kontakte zu fördern sind eine zentrale Aufgabe der Seniorenarbeit, die im Übrigen auch anderen hilft und damit generationenverbindend wirkt.

Die Seniorenarbeit wird zukünftig stärker auf digitale Technologien zurückgreifen müssen, um soziale Teilhabe zu stärken. Was das heißen kann, haben die Jahre der Pandemie gezeigt. Fast alle Angebote der Beratung und Kommunikation mussten auf digitale Kanäle ausweichen. In Zukunft stehen vor allem die Bereiche Mobilität, Bildung und soziale Teilhabe sowie Gesundheit und Pflege im Zeichen der Digitalisierung. Auch ohne Auto können Menschen so mobil bleiben, können Kontakte digital unterstützt werden und fängt aktive Gesundheitsförderung schon zuhause an. Können und werden alle Älteren von der Digitalisierung profitieren? Das Risiko der digitalen Exklusion muss ernst genommen werden.

Digitale Technologien im Alter sinnvoll einzusetzen, Hemmschwellen und echte Barrieren zu überwinden, wird immer wichtiger, auch als Anliegen der Seniorenarbeit. Dafür entstehen echte und virtuelle Orte, an denen Ältere gemeinsam mit anderen lernen, digitale Technologien zu nutzen.

Digitalpaten: von Älteren für Ältere
Im Kreis Mettmann in Nordrhein-Westfalen hat die Arbeitsgemeinschaft der Verbraucher e.V. die Idee der Digitalpaten umgesetzt. Freiwillige stehen Interessierten zur Seite, machen sie neugierig und erproben mit ihnen gemeinsam die digitale Welt. Sie sind keine Profis, sondern engagierte Ältere, die sich mit anderen Älteren zusammenschließen wollen. Das Projekt erfüllt mehrere Zwecke. Zum einen engagieren sich dort technikbegeisterte Ältere, die selbst etwas Nützliches tun wollen. Zum anderen helfen die Digitalpaten, der digitalen Exklusion entgegenzuwirken, indem sie sich vor allem um diejenigen bemühen, die Ängste und Hemmungen haben.
Weiterführende Infos: https://digitalpaten.nrw

Zur kommunalen Seniorenarbeit gehört die Aufgabe, mit ihren öffentlichen Aktivitäten der Altersdiskriminierung entgegenzuwirken. Wie negativ das Altersbild in Deutschland nach wie vor ist, hat jüngst die umfassende Studie zur Altersdiskriminierung gezeigt, die im Auftrag der Antidiskriminierungsstelle des Bundes entstanden ist.

Sollen die Alten den Jungen Platz machen?
Altersdiskriminierung in Deutschland
Die erste große repräsentative Studie zur Altersdiskriminierung zeigt deutlich, dass nicht nur Ältere selbst, sondern auch ihr Engagement von großen Teilen kritisch gesehen werden (Eva-Marie Kessler & Lisa Marie Warner, 2022). Das belegen zentrale Ergebnisse der Befragung:

♦ 51 Prozent der Befragten sprechen sich für Regeln aus, wonach »Menschen nur bis zu einem bestimmten Alter, wie etwa bis 70 Jahre, politische Ämter haben dürfen«.

* »Ältere Menschen tragen nicht entscheidend zum gesell-schaftlichen Fortschritt bei«, dieser Aussage stimmen 53 Prozent der Befragten zu.
* Der etwas allgemeinen, aber stark diskriminierenden Aussage: »Alte Menschen sollten Platz machen für Jüngere, indem sie berufliche und gesellschaftliche Rollen aufgeben« stimmen mit 32 Prozent fast ein Drittel aller Befragten zu.

Neben vielen anderen Erkenntnissen liefert die Studie Belege, dass gesellschaftliche Aktivitäten Älterer nicht nur positiv gesehen werden. Kommunale Seniorenarbeit, die bewusst Aktivität und Engagement fördert, muss solche Einstellungen ernst nehmen und auch generationenübergreifende Ansätze entwickeln.

Seniorenarbeit wäre zudem gut beraten, noch stärker die Bedürfnisse unterschiedlicher Gruppen zu berücksichtigen. Was heißt es zum Beispiel für Menschen mit Migrationshintergrund oder Menschen unterschiedlicher sexueller Orientierung, wenn sie alt werden? Was wünschen sie sich, was brauchen sie, was möchten und können sie selbst tun? Genauso wichtig ist es, die Geschlechterunterschiede ernst zu nehmen. Zum einen leben wesentlich mehr Frauen als Männer im Alter alleine, sind ihre Mobilität und sozialen Netzwerke andere, und haben sie andere Bedürfnisse an die Gesundheitsversorgung. Zum anderen sind gerade ältere Männer häufig nur schwer zu erreichen für Angebote der Seniorenarbeit und Altenhilfe. Dass es eben nicht »die Älteren« gibt, sondern Ältere mit unterschiedlichen Ressourcen und Bedürfnissen: Darauf muss sich Seniorenarbeit in einer vielfältigen Gesellschaft einstellen. Zudem sind die pflegenden Angehörigen eine besondere Gruppe, um deren Gesundheit und Unterstützung sich die kommunale Altenhilfe verstärkt kümmern muss. Pflegende Angehörige mit Migrationshintergrund haben besondere Bedürfnisse, die bislang zu wenig beachtet werden.

Altersbilder verändern, unterschiedliche Bedürfnisse von Zielgruppen berücksichtigen: Das sind Herausforderungen der Seniorenarbeit, die in den meisten Kommunen im Schatten anderer Themen steht. Dabei zeigen viele Beispiele in diesem Buch, dass die Seniorenarbeit einen wichtigen Beitrag leisten kann, um unsere Städte und Gemeinden für alle Altersgruppen der Bevölkerung freundlicher und damit zugleich inklusiver und lebenswerter für alle zu machen. Eine Umgebung, die auf Gesundheit und gesellschaftliche Teilhabe von älteren (und jüngeren) Menschen ausgerichtet ist, besteht eben nicht nur aus Gebäuden und Infrastruktur, sondern auch aus sozialen Beziehungen, die von der kommunalen Seniorenarbeit mitgestaltet werden.

4 Ausblick

✓ Altersfreundlich heißt inklusiv
✓ Öffentlicher Raum wird neu gestaltet
✓ Solidarische Kommunen sind Orte guten Lebens

Sog. »altersfreundliche Umgebungen« im Sinne der Weltgesundheitsorganisation sind nicht nur für ältere Menschen gemacht. Hier sollen sich alle Menschen wohlfühlen, sich bewegen und sich begegnen können. Die Kommunen gestalten solche Umgebungen mit Gebäuden, mit dem öffentlichen Raum, sowie mit Beratung und sozialer Infrastruktur, wie die Beispiele gezeigt haben. Was sollten Kommunen dabei besonders beherzigen? Die wichtigsten Lehren lassen sich leicht zusammenfassen.

Wie Kommunen menschenfreundliche und inklusive Umgebungen schaffen können: eine Bilanz

- Menschen werden aktiv in die Stadtentwicklung einbezogen.
- Die Stadtplanung macht es Menschen leicht, rauszugehen, sich gerne und sicher zu bewegen.
- Sichere Wege, Sitzgelegenheiten und öffentliche Toiletten unterstützen Fußgänger.
- ÖPNV und alternative Angebote ermöglichen Mobilität für alle.
- Zentrale Infrastrukturen sind in jedem Stadtteil vorhanden.
- Neue Wohnformen werden aktiv beworben.
- Freiwilliges Engagement von Älteren und für Ältere wird gefördert.
- Aufsuchende Sozialarbeit beugt Einsamkeit vor.
- Die Seniorenarbeit adressiert die unterschiedlichen Zielgruppen mit eigenen Angeboten.

> • Altenhilfe- und Pflegeplanung sind auf das Ziel ausgerichtet, Pflegebedürftigkeit zu verringern und zuhause alt werden zu können.

Der öffentliche Raum außerhalb unserer Wohnungen und Häuser ist ein großer Kosmos: Wir laufen und fahren über Straßen, wir suchen Plätze auf, wir erholen uns in der Natur, wir treiben draußen Sport, wir besuchen Freiluftveranstaltungen. Im öffentlichen Raum bewegen wir uns, wir halten uns auf, und wir treffen uns. Der öffentliche Raum, das ist das »gebaute Lebens- und Wohnumfeld außerhalb von Gebäuden und Privatgrundstücken« (Kösebay et al., 2021). Gerade in der Pandemie wurde deutlich, wie wichtig der öffentliche Raum für die sozialen Beziehungen, die Kommunikation und auch die mentale Gesundheit ist. Während der Pandemie war der öffentliche Raum zeitweilig die einzige Möglichkeit, andere Menschen zu sehen und zu treffen.

Unsere Städte und Gemeinden sind einem starken Wandel ausgesetzt. Zugleich sind sie das Ergebnis bewusster politischer, wirtschaftlicher und architektonischer Gestaltung, das den Bedürfnissen ihrer Einwohner nicht immer gerecht wird. Schon heute gibt es Städte und Gemeinden, deren öffentlicher Raum und deren Infrastruktur so gestaltet sind, dass sich Menschen gut und gerne bewegen und sich leicht begegnen können. Das zeigen auch die Beispiele in diesem Buch. Eine lebenswerte Gemeinde schließt niemanden aus, sie ist ein inklusives und solidarisches Gemeinwesen.

> ### Eine Vision: Alltag in der solidarischen Gemeinde
> Elisabeth Kurz wacht morgens auf und macht sich in der Küche ihrer Mehrgenerationenwohngruppe ihr Frühstück. Durch das schmale Fenster hin zum gemeinsamen Flur sieht ihr junger Nachbar das Licht und grüßt. Auf dem Tablet am Frühstückstisch klickt Elisabeth Kurz auf das Nachrichtenportal ihrer Gemeinde. Heute gibt es ein Treffen der »Bewegungsmelder« an der Sport-

anlage im Nachbarstadtteil. Die »Bewegungsmelder« sind eine bunte Truppe aus Berufstätigen und Rentnern, die an unterschiedlichen Plätzen zu verschiedenen Zeitpunkten gemeinsam Sport machen. Die Übungen sind unterschiedlich und die Gruppen bekommen immer wieder Anregungen aus dem örtlichen Sportverein. Über die »Bewegungsmelder« hat Elisabeth Kurz eine neue Umweltgruppe kennengelernt, in der sie sich engagiert.

Elisabeth Kurz fährt kein Auto, sie hatte nie einen Führerschein. Die Sportanlage liegt in einem längeren Grüngürtel, an dem sich Schulen, Kindergärten, Pflegeeinrichtungen und Kultureinrichtungen befinden. Um dort hinzukommen, nutzt Elisabeth Kurz gerne den Bürgerbus. Dazu muss sie eine größere Kreuzung überqueren. Die Grünphasen der Ampel für die Fußgänger wurden nach einer Beschwerde des Seniorenbeirats verlängert. Lange gelbe Leuchtstreifen im Boden der Straße machen Autofahrer und Radfahrer auf Fußgänger aufmerksam, die wie Elisabeth Kurz jetzt die Straße überqueren.

Auf der anderen Seite der Straße stehen bereits Personen, die sich über die Ruf-Shuttle-App vernetzt hatten und auf den selbstfahrenden Bürgerbus der Stadtwerke warten. Der Bus bring Elisabeth Kurz zur südlichen Seite des Grüngürtels. Dort steigt sie aus und geht zu Fuß in den sich hinschlängelnden Park hinein. Die Grünanlage wurde von der Stadt im Rahmen eines breiten Partizipationsprozesses geplant, an dem sich auch Elisabeth Kurz beteiligt hat. Zuvor befand sich hier ein großer Parkplatz des örtlichen Krankenhauses, dessen Bedarf entfiel, nachdem das Krankenhaus geschlossen wurde und dessen Beschäftigte in das Klinikum der Nachbarstadt wechselten.

Auf Vorschlag der verschiedenen Bürgerbeiräte wurde daraufhin ein breites Planungsverfahren eröffnet, in das auch die Schulen, Museen, Theater und anderen angrenzenden Einrichtungen einbezogen wurden. Das Grünflächenamt hatte außerdem das Ziel ausgegeben, Park- und Gebäudebegrünung miteinander zu verbinden. Damit sollten die Temperaturen im dicht bebauten

Stadtteil im Sommer gesenkt und das Stadtklima verbessert werden. Insbesondere ältere Menschen hatten sich immer wieder über Hitzestaus beklagt; Ärzte führten viele kardio-vaskuläre Erkrankungen auch auf diesen Faktor zurück.

Das Ergebnis des Planungsprozesses hat alle in der Stadt begeistert: Eine mäandernde Grünanlage, die rechts und links bis an die vielen öffentlichen Gebäude heranreicht. Die Fuß- und Radwege sind so angelegt, dass deutlich weniger Unfälle passieren und es genügend Sitzgelegenheiten gibt. Dächer bieten Schutz vor Regen. An verschiedenen Stellen sind an Bäumen Bewegungsgeräte platziert. Öffentliche Toiletten gibt es genauso wie kleine Sitzinseln für Gruppen. An den zwei Rändern des Parks gibt es begehbare Schaukästen, in denen die Beziehungen im Ökosystem Stadt mit Hologrammen dargestellt sind. Im Sommer werden im Park und der Umgebung perforierte Schläuche ausgelegt, um die hohen Temperaturen durch Verdunstung zu senken. Denn der Klimawandel setzt durch stärkere Hitze ganz besonders den Älteren zu.

Elisabeth Kurz war von alldem so angetan, dass sie sich einer lokalen Umweltgruppe anschloss, die sich für Projekte des Urban Gardening engagiert und über diese in Kitas und Schulen informiert. An der westlichen Seite des Parks ist das neue Theaterzentrum, in dem wechselnde Ensembles sowie das Schul- und das Seniorentheater untergebracht sind.

Die örtliche Wirtschaft hat gemeinsam mit der Kommune und weiteren Spendern einen Fonds errichtet. Über diese Gelder werden für Familien und für Ältere preisgedämpfte Wohnungen erbaut, zusätzlich zu Sozialwohnungen. Die Generationensiedlung soll sozial gemischt und inklusiv sein, und sie bietet allen Bewohnern besondere Angebote. Neben dem öffentlichen Foyer der Siedlung ist ein neues solidarisches Restaurant entstanden. Dort gibt es einen Mittagstisch für das Viertel, organisiert vom Verein »Wir sind Kommune«.

An der autofreien Siedlung befindet sich eine Mobilitätsstation. Dort kann Elisabeth Kurz Rikschas mit Fahrern mieten oder selbstfahrende Sammeltaxen bestellen. Auch Mitfahrgelegenheiten mit Nachbarn gibt es. Ein Anbieter von vergünstigten, barrierefreien Tagesreisen in die Region bietet dort ebenfalls seine Dienste an.

Die Gemeinde, in der Elisabeth Kurz lebt, ist nicht die einzige, die sich gegenüber früheren Zeiten so deutlich verändert hat. Viele Städte und Gemeinden haben entschieden, dass sie gemeinschaftliches Leben stärker fördern möchten. Daher sind Gebäude und ganze Viertel flexibler und offener geworden, so dass sie unterschiedlich genutzt werden können. In und an Gebäuden gibt es mehr öffentliche Räume, die ohne Konsumzwang genutzt werden können, für Freizeit, Sport und Kultur.

Auch die sozialen Dienste haben sich verändert. Sie sind nicht mehr in Verwaltungsgebäuden untergebracht, sondern in gut sichtbaren Pavillons in einzelnen Stadtteilen. Unterstützt von Ehrenamtlichen finden regelmäßig gemeinsame Spaziergänge statt. An vielen Stellen im öffentlichen Raum können sich Bürger über digitale Portale für aktuelle Projekte oder Termine registrieren lassen oder Dienstleistungen in Anspruch nehmen.

Der Gesundheitszustand und die soziale Lage vieler Älterer haben sich im Vergleich zu den ersten Jahrzehnten des 21. Jahrhunderts signifikant verbessert. Die meisten Kommunen präsentieren sich als »solidarische Gemeinden«, die niemanden zurücklassen, weder deren jüngere noch deren älteren Bewohnern oder Personen mit Einschränkungen. Die aktiven Alten sind eine ihrer stärksten Stützen. Sie tragen zu einer Renaissance kommunalen Lebens bei, in einer digitalisierten Welt.

Menschen wollen dort alt werden, wo sie sich zuhause fühlen. Es bleibt eine große gesellschaftliche Herausforderung, Orte so zu gestalten, dass dies möglichst vielen Menschen ermöglicht wird. Dafür bedarf es solidarischer Orte, die nicht nur sozial und wirtschaftlich nachhaltig sind. Durch kleinräumige Mobilität, eine integrierte Infrastruktur in Vierteln und öffentliche Begrünung sind menschenfreundliche Orte zugleich auch ökologisch nachhaltige Orte. Inklusive Städte und Gemeinden stellen sich dem gesellschaftlichen Wandel, und sie sind innovativ. *Wie* wir alt werden, ist ein fortlaufender Veränderungsprozess. *Wo* wir alt werden, ist es ebenso.

Literatur

Alemann, U. v. & Strünck, C. (1999). Die Weite des politischen Vor-Raums: Partizipation in der Parteiendemokratie. In K. Kamps (Hrsg.), *Elektronische Demokratie? Perspektiven politischer Partizipation* (S. 109–126). Westdeutscher Verlag, Opladen.

Arriagada, C. & Simonson, J. (2021). *Freiwilliges Engagement hochaltriger Menschen: Beteiligung und Engagementbereiche.* Berlin.

Barreto, M., Victor, C., Hammond, C., Eccles, A., Richins, M. T. & Qualter, P. (2021). Loneliness around the world: Age, gender, and cultural differences in loneliness. *Personality and Individual Differences, 169,* 110066. https://doi.org/10.1 016/j.paid.2020.110066

Beyer, T., Görtler, E. & Rosenkranz, D. (Hrsg.). (2015). *Seniorengenossenschaften: Organisierte Solidarität.* Beltz Juventa, Weinheim.

Bogumil, J. (2010). Parteien in der Kommunalpolitik. Hoffnungsträger oder Auslaufmodell? In D. Gehne & T. Spier (Hrsg.), *Krise oder Wandel der Parteiendemokratie?* (S. 37–48). VS Verlag für Sozialwissenschaften, Wiesbaden. https://doi.org/10.1007/978-3-531-92497-7_3

Brunsbach, S. (2018). *Politische Parteien in Zeiten des demographischen Wandels: Reflexion der veränderten Altersstruktur in der Parteiprogrammatik. Empirische Studien zur Parteienforschung.* Springer VS, Wiesbaden.

Bubolz-Lutz, E., Engler, S., Kricheldorff, C. & Schramek, R. (2022). *Geragogik: Bildung und Lernen im Prozess des Alterns: Das Lehrbuch* (2., erweiterte und überarbeitete Auflage). Kohlhammer, Stuttgart.

Bundesministerium für Familie, Senioren, Frauen und Jugend. (2020). *Ältere Menschen und Digitalisierung.* Berlin. www.achter-altersbericht.de/fileadmin/al tersbericht/pdf/aktive_PDF_Altersbericht_DT-Drucksache.pdf

Deutscher Bundestag. (2016, 2. November). *Siebter Bericht zur Lage der älteren Generation in der Bundesrepublik Deutschland: Sorge und Mitverantwortung in der Kommune - Aufbau und Sicherung zukunftsfähiger Gemeinschaften und Stellungnahme der Bundesregierung;* Unterrichtung durch die Bundesregierung (Verhandlungen des Deutschen Bundestages). Berlin. https://dip21.bundestag.de/ dip21/btd/18/102/1810210.pdf

Ernst, M., Niederer, D., Werner, A. M., Czaja, S. J., Mikton, C., Ong, A. D., Rosen, T., Brähler, E. & Beutel, M. E. (2022). Loneliness before and during the COVID-19 pandemic: A systematic review with meta-analysis. *The American psychologist,* *77*(5), 660–677. https://doi.org/10.1037/amp0001005

Kessler, E.-M. & Warner, L. M. (2022). *Age ismus: Altersbilder und Altersdiskriminierung in Deutschland.* Berlin. www.antidiskriminierungsstelle.de/Shared Docs/downloads/DE/publikationen/Expertisen/altersbilder_lang.pdf?_blob=publicationFile&v=5

Fancourt, D. & Finn, S. (2019). What is the evidence on the role of the arts in improving health and well-being? A scoping review. *Health evidence network synthesis report: Bd. 67.* WHO Regional Office for Europe. www.ncbi.nlm.nih.gov/books/NBK553773/

Gehl, J. (2021). *Städte für Menschen* (A. Wiethüchter, Übers.) (6. Auflage). Jovis.

Gerlinger, T. (2021). *Präventionsgesetz.* https://doi.org/10.17623/BZGA:Q4-i092-3.0

Giesel, F., Köhler, K. & Nowossadeck, E. (2013). Alt und immobil auf dem Land? Mobilitätseinschränkungen älterer Menschen vor dem Hintergrund einer zunehmend problematischen Gesundheitsversorgung in ländlichen Regionen. *Bundesgesundheitsblatt – Gesundheitsforschung – Gesundheitsschutz, 56*(10), 1418–1424. https://doi.org/10.1007/s00103-013-1832-0

Heinze, R. G., Kurtenbach, S. & Üblacker, J. (Hrsg.). (2019). Wirtschafts- und Sozialpolitik: Band 21. Digitalisierung und Nachbarschaft: Erosion des Zusammenlebens oder neue Vergemeinschaftung? Nomos, Baden-Baden.

Heite, E. & Rüßler, H. (Hrsg.). (2018). Handbuchreihe: Ältere als (Ko-)Produzenten von Quartiersnetzwerken – Impulse aus dem Projekt QuartiersNETZ/Forschungsinstitut Geragogik, Fachhochschule Dortmund (Hrsg.); Handbuch 3. Quartiersnetzwerke mit Älteren entwickeln. http://hdl.handle.net/10419/191448

Hirndorf, D. (2021). *Wahlbeteiligung und Wahlverhalten nach Alter und Geschlecht in Deutschland.* Berlin.

Höpflinger, F. (2018). Wohnen und Wohnmobilität im Alter. In K. R. Schroeter, C. Vogel & H. Künemund (Hrsg.), *Living reference work. Handbuch Soziologie des Alter(n)s.* Springer VS, Wiesbaden.

Hume, V. & Renowden, F. (2021). Kreatives Altern, Gesundheit und Wohlbefinden: Strategien aus Großbritannien. *Pro Alter* (2), 9–12.

ILS (2019). *Summer in the City: Wie ältere Menschen der »Heißzeit« in der Stadt begegnen* (ILS Forschung Nr. 1). Dortmund. https://www.ils-forschung.de/files_publikationen/pdfs/ILS-TRENDS_1_2019.pdf

infas (2008). *Mobilität in Deutschland 2008. Ergebnisbericht.* www.mobilitaet-in-deutschland.de/archive/mid2008-publikationen.html

Initiative D21 e. V. (2022). *D21-Digital-Index 2021/2022: Wie digital ist Deutschland? Jährliches Lagebild zur Digitalen Gesellschaft. D21-Digital-Index: Bd. 9.* Initiative D21.

Karnick, N. & Arriagada, C. (2021). *Wer engagiert sich freiwillig und warum? Zentrale Ergebnisse des Deutschen Freiwilligensurveys 2019* (wegweiser bürgergesellschaft.de Nr. 7). Berlin.

Kirchen-Peters, S., Nock, L., Baumeister, P. & Mickley, B. (2016). *Pflegestützpunkte in Deutschland: Die Sicht der Mitarbeitenden – der rechtliche Rahmen – die politische Intention.* WISO Diskurs: 2016, 07. Friedrich-Ebert-Stiftung.

Klein, M., Becker, P., Czeczinski, L., Lüdecke, Y., Schmidt, B. & Springer, F. (2019). Die Sozialstruktur der deutschen Parteimitgliedschaften: Empirische Befunde der Deutschen Parteimitgliederstudien 1998, 2009 und 2017. *Zeitschrift für Parlamentsfragen* (1), 81–98.

Köcher, R. (Hrsg.). (2012). *Generali Altersstudie 2013: Wie ältere Menschen leben, denken und sich engagieren* (Lizenzausg). bpb Bundeszentrale für Politische Bildung.

Kolland, F. & Gallistl, V. (2022). *Neue Kulturstile älterer Menschen: Zum Älterwerden zwischen Ästhetik und Alltag. Alter - Kultur - Gesellschaft: Band 3.* transcript. https://www.degruyter.com/isbn/9783839450994 https://doi.org/1 0.1515/9783839450994

Kolland, F., Wanka, A. & Gallistl, V. (2018). Technik und Alter – Digitalisierung und die Ko-Konstitution von Alter(n) und Technologien. In K. R. Schroeter, C. Vogel & H. Künemund (Hrsg.), *Living reference work. Handbuch Soziologie des Alter(n)s* (S. 1–19). Springer VS, Wiesbaden. https://doi.org/10.1 007/978-3-658-09630-4_23-1

Körber-Stiftung (Hrsg.). (2022). *Ageing in Place. Wohnen in der altersfreundlichen Stadt: Kommunale Strategien für die Babyboomer-Generation.* Hamburg.

Kösebay, M., Kirn, S., Wallrafen, S., Leukel, J. & Gierl, F. (Hrsg.). (2021). *Stadt der Zukunft - Smartes Stadtmobiliar für mehr Teilhabe im Alter.* medhochzwei, Heidelberg.

Kremer-Preiß, U. (Hrsg.). (2009). *Zukunft Quartier - Lebensräume zum Älterwerden: Themenheft 4. Neue Wohnformen im Alter - Finanzierungsmöglichkeiten innovativ gestalten.* Netzwerk Soziales neu gestalten.

Kremer-Preiß, U. (2021). Wohnen 6.0: Mehr gemeinsam entscheiden, verantworten, gestalten. *Pro Alter.de.*

Kricheldorff, C., Klott, S. & Tonello, L. (2015). Sorgende Kommunen und Lokale Verantwortungsgemeinschaften. Modellhafte Ansätze zur Sicherung von gelingendem Altern und Pflege im Quartier. *Zeitschrift für Gerontologie und Geriatrie, 48*(5), 408–414. https://doi.org/10.1007/s00391-015-0914-z

Kricheldorff, C. (2022). *Gut vernetzt oder abgehängt? Gelingendes Altern in der digitalen Welt.* Kohlhammer, Stuttgart.

Kronauer, M. (2010). *Exklusion: Die Gefährdung des Sozialen im hoch entwickelten Kapitalismus* (2., aktualisierte und erweiterte Auflage). Campus, Frankfurt am Main.

Kruse, A. (2007). Potenziale des Alters in Wirtschaft und Gesellschaft. In H.-H. Krüger, T. Rauschenbach & U. Sander (Hrsg.), *Bildungs- und Sozialberichterstattung* (S. 109–126). VS Verlag für Sozialwissenschaften, Wiesbaden. https://doi.org/10.1007/978-3-531-90615-7_11

Kruse, A. & Wahl, H.-W. (2010). *Zukunft Altern: Individuelle und gesellschaftliche Weichenstellungen.* Spektrum, Heidelberg. https://doi.org/10.1007/978-3-8274-2200-2

Lechtenfeld, S. & Olbermann, E. (2016). Förderung von Generationenbeziehungen in der Kommune. In *Teilhabe im Alter gestalten.* Springer VS, Wiesbaden.

Lungman, T., Cirach, M., Marando, F., Pereira Barboza, E., Khomenko, S., Masselot, P., Quijal-Zamorano, M., Mueller, N., Gasparrini, A., Urquiza, J., Heris, M., Thondoo, M. & Nieuwenhuijsen, M. (2023). Cooling cities through urban green infrastructure: a health impact assessment of European cities. *Lancet (London, England).* https://doi.org/10.1016/S0140-6736(22)02585-5

Luthe, E.-W. (2013). *Kommunale Gesundheitslandschaften.* Springer, Wiesbaden. https://doi.org/10.1007/978-3-658-02431-4

Meyer, S. (2018). Technische Assistenzsysteme zu Hause – warum nicht? Vergleichende Evaluation von 14 aktuellen Forschungs- und Anwendungsprojekten. In H. Künemund & U. Fachinger (Hrsg.), *Research. Alter und Technik: Sozialwissenschaftliche Befunde und Perspektiven* (S. 147–176). Springer VS, Wiesbaden.

Müller, W. & Strünck, C. (2020). Potenziale für präventive Pflege: Wie Selbstständigkeit im Alter besser gefördert werden kann. In Bundeszentrale für politische Bildung (Hrsg.), *APuZ: Band 10497. Pflege: Praxis, Geschichte, Politik* (S. 290–302). Bundeszentrale für politische Bildung.

Naegele, G. (1999). Zur politischen Beteiligung älterer Menschen in Deutschland: Unter besonderer Berücksichtigung der Seniorenvertretungen. In *Soziale Gerontologie und Sozialpolitik für ältere Menschen.* Westd. Verl.

Neumann, L., Dapp, U., Böttcher-Völker, S., Kleinhans, E. & Renteln-Kruse, W. von (2021). Der »Hamburger Hausbesuch für Seniorinnen und Senioren«: Entwicklung, Durchführung und Akzeptanz bei 4716 älteren Menschen in 15 Monaten. *Zeitschrift für Gerontologie und Geriatrie, 54*(5), 471–478. https://doi.org/10.1007/s00391-021-01878-8

Nowossadeck, S. & Engstler, H. (2017). Wohnung und Wohnkosten im Alter. In K. Mahne, J. K. Wolff, J. Simonson & C. Tesch-Römer (Hrsg.), *Altern Im Wandel:*

Zwei Jahrzehnte Deutscher Alterssurvey (DEAS) (S. 287–300). Springer Fachmedien Wiesbaden GmbH.

Oka, K. & Koohsari, M. J. (2020). *Walkable Neighborhoods: The Link between Public Health, Urban Design, and Transportation null.* MDPI – Multidisciplinary Digital Publishing Institute. https://doi.org/10.3390/books978-3-03921-931-5

O'Sullivan, R., Leavey, G. & Lawlor, B. (2022). We need a public health approach to loneliness. *BMJ (Clinical research ed.), 376,* o280. https://doi.org/10.1136/bmj.o280

Oswald, F. & Wahl, H.-W. (2016). Alte und neue Umwelten des Alterns: Zur Bedeutung von Wohnen und Technologie für Teilhabe in der späten Lebensphase. In *Teilhabe im Alter gestalten* (S. 113–129). Springer, Wiesbaden.

Peine, A. & Neven, L. (2019). From Intervention to Co-constitution: New Directions in Theorizing about Aging and Technology. *The Gerontologist, 59*(1), 15–21. https://doi.org/10.1093/geront/gny050

Penger, S., Oswald, F. & Wahl, H.-W. (2019). Altern im Raum am Beispiel von Wohnen und Mobilität. In K. Hank, F. Schulz-Nieswandt, M. Wagner, S. Zank, H. Baranzke, H. Brandenburg & S. Brose (Hrsg.), *Alternsforschung: Handbuch für Wissenschaft und Praxis* (S. 415–444). Nomos, Baden-Baden.

Pollock, L. (2022). Das Buch über das Älterwerden (für Leute, die nicht darüber sprechen wollen) (U. Becker, Übers.). DuMont, Köln.

Rothgang, H., Kalwitzki, T. & Cordes, J. (2020). Sicherheit für die Zukunft: Alternative Ausgestaltung der Pflegeversicherung. *Die Schwester, der Pfleger* (3), 12–17.

Schlicht, W., Oswald, F. & Reyer, M. (2016). Die altersfreundliche Stadt. *Public Health Forum, 24*(4), 301–303. https://doi.org/10.1515/pubhef-2016-2101

Simonson, J., Kelle, N., Kausmann, C. & Tesch-Römer, C. (2021). *Freiwilliges Engagement in Deutschland - Der Deutsche Freiwilligensurvey 2019.* Berlin. www.dza.de/fileadmin/dza/Dokumente/Forschung/Publikationen%20Forschung/Freiwilliges_Engagement_in_Deutschland_-_der_Deutsche_Freiwilligensurvey_2019.pdf

Stiefler, S., Seibert, K. & Wolf-Ostermann, K. (2022). Kleinräumige Wohnkonzepte als gute Alternative zum Pflegeheim? *Pflegezeitschrift 75*(7), 54–56. https://doi.org/10.1007/s41906-022-1296-7

Strünck, C. (2005). Ist auch gut, was gerecht ist? Gerechtigkeitspolitik im Vergleich. In H. Heil & J. Seifert (Hrsg.), *Soziales Deutschland: Für eine neue Gerechtigkeitspolitik* (S. 37–61). VS Verlag für Sozialwissenschaften/ Springer, Wiesbaden.

Strünck, C. (2018). Wohlfahrtsverbände als zivilgesellschaftliche Akteure. In R. G. Heinze, J. Lange & W. Sesselmeier (Hrsg.), *Wirtschafts- und Sozialpolitik: Band 19.*

Neue Governancestrukturen in der Wohlfahrtspflege: Wohlfahrtsverbände zwischen normativen Ansprüchen und sozialwirtschaftlicher Realität (S. 129–151). Nomos, Baden-Baden.

Strünck, C., Reuter, V., Gerling, V., Berg, P.-S. & Ehlers, A. (2022). Socially assistive robots on the market: Experiences from inpatient care and potentials for care at home. *Zeitschrift für Gerontologie und Geriatrie, 55*(5), 376–380. https://doi.org/10.1007/s00391-022-02087-7

Surkalim, D. L., Luo, M., Eres, R., Gebel, K., van Buskirk, J., Bauman, A. & Ding, D. (2022). The prevalence of loneliness across 113 countries: systematic review and meta-analysis. *BMJ (Clinical research ed.), 376*, e067068. https://doi.org/10.1136/bmj-2021-067068

van Dyk, S. & Lessenich, S. (Hrsg.). (2009). *Die jungen Alten: Analysen einer neuen Sozialfigur.* Campus, Frankfurt am Main.

Verein für Sozialplanung (2022). *Positionspapier für ein Altenhilfestrukturgesetz.* Magdeburg. www.vsop.de/download/dokumente_allgemeine_hinweise/alter_und_pflege/VSOP-Positionspapier-fuer-ein-Altenhilfestrukturgesetz_20220330.pdf

Vogel, C., Wettstein, M. & Tesch-Römer, C. (Hrsg.). (2019). *Frauen und Männer in der zweiten Lebenshälfte: Älterwerden im sozialen Wandel.* Springer VS, Wiesbaden.

Wahl, H.-W. (2017). *Die neue Psychologie des Alterns: Überraschende Erkenntnisse über unsere längste Lebensphase.* Kösel, München.

Wahl, H.-W. & Gerstorf, D. (2018). A conceptual framework for studying context dynamics in aging (CODA). *Developmental Review, 50*, 155–176. https://doi.org/10.1016/j.dr.2018.09.003

Wanka, A. & Gallistl, V. (2021). Socio-Gerontechnology – ein Forschungsprogramm zu Technik und Alter(n) an der Schnittstelle von Gerontologie und Science-and-Technology Studies. *Zeitschrift für Gerontologie und Geriatrie, 54*(4), 384–389. https://doi.org/10.1007/s00391-021-01862-2.

Wetzel, M. & Simonson, J. (2017). Engagiert bis ins hohe Alter? Organisationsgebundenes ehrenamtliches Engagement in der zweiten Lebenshälfte. In K. Mahne, J. K. Wolff, J. Simonson & C. Tesch-Römer (Hrsg.), *Altern Im Wandel: Zwei Jahrzehnte Deutscher Alterssurvey (DEAS)* (S. 81–95). Springer Fachmedien Wiesbaden GmbH.

World Health Organization (2007). *Global age-friendly cities: A guide. Ageing and life course, family and community health.* Genf.

2023. 136 Seiten. Kart.
€ 22,–
ISBN 978-3-17-042121-9

Dieses Buch befasst sich mit Reifungs- und Wachstumspotenzialen im hohen Alter. Es lässt sich von der Annahme leiten, dass auch im hohen Alter seelisch-geistige Entwicklung möglich ist. Ausgehend von einem Vers Rainer Maria Rilkes zeigt der Autor unterschiedlichste Reifungs- und Wachstumspotenziale auf. Dabei geht er auch auf den Umgang alter Menschen mit aktuellen gesellschaftlichen Krisen ein und hebt hervor, dass es nicht nur eine Solidarität der jungen gegenüber den alten, sondern auch der alten gegenüber den jungen Menschen gibt. Zugleich wird im Buch deutlich, wie wichtig es ist, soziale Ungleichheit im Alter abzubauen und soziale Teilhabe im Alter zu fördern, um zur Verwirklichung von Reifungs- und Wachstumspotenzialen beizutragen.

Auch als E-Book erhältlich.
Leseproben und weitere Informationen: **shop.kohlhammer.de**

2023. 143 Seiten mit 16 Abb. Kart.
€ 26,–
ISBN 978-3-17-042368-8

Der Ratgeber wendet sich an ältere Paare, die ihre Liebe füreinander neu beleben möchten oder nach Hilfen suchen, Konflikte zu überwinden. Es geht um die Entwicklung von Verständnis, Nähe und Vertrauen. Auch Leidenschaft, Sex und Zärtlichkeit werden thematisiert, mögliche Eifersucht nicht ausgespart. Hinzu kommen Rückblicke auf die Zeit um 1968, als die „Herbstpaare" jung waren. Gedichte laden zur Selbstreflektion ein. Und: Das Modell PAARtitur der Autoren führt vor Augen, woran es in der Partnerschaft zu arbeiten gilt – nicht nur im Lebensherbst.

Auch als E-Book erhältlich.
Leseproben und weitere Informationen: **shop.kohlhammer.de**